JN089375

# エスペラント会話上達法

La Movado 編集部・編

日本エスペラント図書刊行会

2001

# Kiel ekzerci sin en konversacio de Esperanto

Kompilis: Redakcio de La Movado

Ilustris : Akane

Paĝaron aranĝis: UnuPro

Korektlegis: Tahira Masako kaj Mine Yositaka

Eldonis : Japana Esperanta Librokooperativo

2001-06-09

# 目　　次

1. 私の会話上達法

# 私の会話上達法

# はじめに音読ありき

藤本　達生

　独習書に出てくる文章はなるべく音読するように
していた。「この言葉は読み書きだけでなく，やは
り話せたほうが楽しいのではないか」と思っていた
からである。なれないうちはなかなかキレイには音
読できなかったし，すぐにくたびれた。5分ぐらい
休んでからまたつづけた。そのころ（1953年の
夏）はテープなどもなく，本（小野田幸雄著『エス
ペラント四週間』[1]）に書いてあるとおりに発音す
べく，パクパクやっていたわけである。Hodiaŭ を
ホーディアウと発音していて，自分でマチガイに気
づいたことをおぼえている。

　半年ほどは一人だったが，たまたま街頭で知り
合った坂口英夫さん（当時は大阪外大の学生）が教
えてくださることになった。1954年の正月から半
年ほど坂口さんのお宅へ週に1度通い，Paroladoj
de Zamenhof を一緒に読んでいただいた。はじめは
その場で読んでは訳していくというやり方だった
が，途中からはあらかじめ訳文を紙に書いておき，

---

1) 旧版

それを読みあげては直していただくという方式に
なった。訳文といっても，『新撰エス和』（岡本好
次編の旧版）にあった，あるいはそれでおぼえたま
まの訳語を，なんとかつなぎ合わせたような文で
あって，ちゃんとした日本語の文章にはなっていな
かったにちがいない。

　それはともかく，この訳読の期間がいま思うと，
わたしの場合「会話上達法」の第一歩であった。こ
の時，坂口さんとは本を読んでいただけで，いわゆ
る「会話の練習」らしいものは何もしていない。テ
キストの演説集とは別に，Karlo とか Hamleto とか
の本を何冊か借りて読んでいる。読解力はかなり
あったものと思われる。

　独習を始めて 1 年たらずの，1954年 6 月アメリ
カ人の同志（そのころは，いまよりもサミデアーノ
という言葉がよく使われていた）サミュエル・E・
マーティン氏の歓迎会があった。このとき進々堂で
聞いたのが，外国人の話すエスペラント語の聞き初
めだった。よく分かった。氏は言語学者で日本語も
話せる人だったが，そのせいかどうか英語ナマリも
なく，聞きとりやすかった。また，自分でなんとか
場数をふむことによって上達したように思う。


La Movado 500, 1992, okt.

# Mi... で切り出し，あとを続ける

北川　久

　所属していた金沢エスペラント会の加藤巌さんからの勧めもあって，ロッテルダムの世界エスペラント協会（UEA）本部事務局に「エスペラント留学」がかなった。大学を休学し，1年足らずの間だが，ボランティアとして働きながらエスペラント漬けの毎日を送った。11年も前（1981年から82年）の話。

　最初のころ，事務局内で交わされる会話にまったくといっていいほどついていけなかった。全身を耳にして聞き入ると相手のいうことはだいたいわかったが，受け答えが満足にできない。学力不足といってしまえばそれまでだが，そのうち自分が，"mi" つまり「わたしは」という言葉で話を切り出すことに心理的な抵抗を感じることに気づいた。そんな抵抗感がわたしの舌を縛っているのではないか。

　自分というものにまだ自信を持てない若いころのことだったからかもしれないが，加えて，日本的なコミュニケーションのスタイルともそれは関係ありそうだった。

「わたし」が前面に出ることを慎むのが，日本的なコミュニケーションの作法である。「わたしは…わたしは…」とはあまりいわない。主語を言外に含み持たせることのできる日本語の仕組み以上に，「わたしの意見」「わたしの気持ち」「わたしの体験」などを自由に語り合うことに抵抗を感じるある種の「つつましやかさ」がそうさせるのだと思う。いきおいエスペラントの会話でも，"mi" という主語を立てることを無意識に控える傾向が，ふだん日本語を話している者にはあるのではないか？

　"mi" への抵抗をなるたけなくそうと，仕事が終わり，UEA からあてがわれた天井裏の自室に戻ると，"Mi, mi, mi,…" と呪文のように繰り返し唱えながら過ごした夜もあった。笑い話のようだが本当だ。

　"mi" で話を切り出すとは，例えば「日本人は…」といった風の一般論に逃げ込むことなく，何事も「わたし」の視点から見つめ，考え，語ることでもあると知った。言語技術的な事柄は一切二の次だ。

　そんな機会はごくたまにしかないが，ほんとに楽しい会話，後々まで心に残る会話とは，「わたし」を語り合うことだと今では思っている。

La Movado 501

# しゃべるしかない！

後藤　純子

　私の会話能力を知っている人がこの記事を読んで「ドあつかましい！」、「いけしゃーしゃーと！」「おへそが茶ァわかすワ！」と，思いはったら恥ずかしいから，会話も上達してないのに上達法なんてよう書きません！　とお断りしたのですが，「まーまー，そんなこと言わんと…」とかなんとか言われて後ろめたく思いながらもお引き受けしてしまいました。

　一体私は日本語でもしゃべるのが苦手で劣等感をもっています。すぐに「あのー」と言ってしまいますし，もたもたしてなかなか思うようにしゃべれません。ですから日本語でもエスペラントでも立て板に水のようにしゃべっている人を見ると，いつもうらやましく思います。

　そんな私がどうしてもエスペラントをしゃべらなくてはならない状況に置かれたのです。私がエスペラントを始めて１年余りたったころ，大本エスペラント普及会の亡き重栖度哉先生から大本青年海外派遣の試験を受けるように勧められました。怖がりで

心配症の私は，このときも二の足を踏んでいましたが，結局試験を受けて行かせてもらうことになりました。

　さあ，たいへん！　代表で行くからには，世界エスペラント大会で大本分科会を開いたり，その前後には大会開催地（1967年ロッテルダム）周辺国でのエスペランチストとの交流も義務づけられています。当然のことながら，しゃべれないでは通りません。もう必死でした。まず，大阪エスペラント会の坪田幸紀さんに「会話の先生になって」と頼みました。幸い二人の勤務地がすぐ近くだったので，その周辺に勤務していた大阪エスペラント会の人達にも呼びかけて，毎週1回，近くの喫茶店で会話指導をしてもらいました。家では寝る前に，そのころですからリールのついた大きなテープレコーダーをまくら元に置いて，藤本達生さんとマイケル・ラムさんの会話をうっとりしながら毎晩聴いていました。

　世界エスペラント大会参加を含めて3ヵ月間，13ヵ国のエスペランチストを訪ね歩いた一人旅から帰って来たときは，少しはしゃべれるようになっていました。「結構舌が動くようになって来たネ」と，坪田さんに言われてうれしかったことを覚えていますが，いまはもうさびついてしまっています。

La Movado 502

# 音読の繰り返し

桜井　大二郎

　この世で一番疎遠なものが会話でした。知らない人と出会う機会はまれで，知人同士でも語り合うなんてハイカラな風習のない地方で育ったため，と，成育環境のせいにしておきます。高校を出て都会に来，一人暮らし完全自炊のころ，一言も声を発しない日がよくありました。そのくせ都会へのあこがれは強く，まして外国なんて身震いするほどのものです。吹雪の海岸でハングル文字のある電球を手に取ってじーと見つめていたものです。

　エスペラントへのきっかけはこの辺の感覚なのですが，それまでの英語の授業とは違い，大学の先輩が手取り足取り教えてくれるのです。話をしない訳にはいかなかったのです。まずは性格を変えることから始まりました。このつらさのことを思えば語学学習はあたかも逃避行動のようにやりやすいものでした。一人声を出しまくって読み続けました。会話コンプレックスという怨霊にとりつかれたような音読の操り返しは，自分を思考力のない人間だと思わせることがよくあり，ほんとのことなので嫌になり

ますが，会話で赤面することを思うとまだましです。

　より正確な発音にも意識しっぱなしでした。これにもコンプレックスがありました。抜けない丹後弁もさることながら，祖父，父とも無口な上に，まれに話しても慣れない人にはわからない不明確さで，私もそうだと周りから言われていました。

　あとは音読の広がりと恐る恐るの会話実用でおもしろさを感じるようになり，性格も変わってきたようでした。でも夜ふとんに入り目をつむる時，照れ隠しの自分の会話のそぶりが思い返され，背筋が寒くなったものです。

　さらに上達して豊かな会話が楽しめるようになる前に実は挫折してしまいました。実践不足でした。エスペラントとも距離があき，気がついたら元の木阿弥の非会話性格に戻って，今はあらゆる会話が苦手で，毎日黙々と一人走ることに安らぎを覚えています。継続がないと，とんでもないことになるという例です。実用機会さえたくさんあると良いのですが，一人ではできません。

La Movado 503

# まちがいを恐れず，とにかく話すこと

寺本　元子

モトコ（M）とイーウ iu（Ｉ）の会話より

Ｉ：会話がうまくなりたい。読むのは辞書があれば
　　多少はなんとかなるけれどという声をよくきくね。

Ｍ：会話というのは，さあ今から話しましょうと
　　いってできるものかなあ。構えてするものでは
　　ないと思うけど。

Ｉ：じゃどうすれば会話力が上達するかしら。

Ｍ：エスペラントでしか意志疎通ができない状況に
　　ならないと無理じゃないかな。私の場合一番力
　　がついたのは世界大会参加のとき。一人旅だっ
　　たし。

Ｉ：そりゃそうだけど。誰にもできる方法じゃない
　　よ。お金も時間もかかるから。

Ｍ：それじゃエスペラントしか通じない状況をつく
　　り出してみたら。ロンドでも仲間うちでも。そ
　　れも明るく楽しいふんいきが大切だよ。日本人
　　同士で今さら，という気を捨てること。学習時
　　間以外はすべて日本語というのはよくないよ。
　　私が世界大会のあとロンドン・エスペラント・

クラブの例会に参加したときも，皆エスペラントだけで話していたよ。

Ｉ：そういえばうちのロンドでも会話上手の人というのはよくエスペラントで話しているね。

Ｍ：そうでしょう。本来相手と意志疎通をはかるというのはたやすくないと思うよ。自国語でも。だけどむずかしく考えないほうが上達が速い。幼児がいい例だよ。少ない語彙を最大限に利用して自己主張し，少しずつ語彙をふやしていくから。あれを見習うべきだと思う。

Ｉ：そうね。知っている単語をならべてなんとか相手にわからせようとするものね。

Ｍ：おとなになるとそれができなくなる。ことに日本人の中には学校での英語教育の影響が強いのか，完全な文でないと声に出さない人が多いのでは。

Ｉ：まちがって話すと恥ずかしいもの。

Ｍ：その気持ちを克服すること。そしてとにかく話す。それと先輩も新人が話しやすいふんいきをつくる。まちがっても大らかにうけとめて育てるふところの深いのをね。

Ｉ：そうだね。私もきょうから心がけようっと！

Ｍ：そして何よりもまず，相手に伝えたい自分の考えと意志を持つことが重要だね。

**La Movado 504**

# 妙薬は「合いの手コトバ」

河元　寛視

　会話の上達には，妙薬がある。"Povas esti", "kiel diri" などの「合いの手コトバ」がそれだ。会話は比較的短い文のキャッチボールであることが多いので，こういった常套句の効用は意外に大きく，40〜50も覚えれば結構会話らしい格好がついてくる。ただし，もちろんそれは付け焼き刃にすぎない。会話がうまくなりたいという人も，実のところは，何かまとまった内容のある話し合いをしたいのだろうし，それには作文力をはじめ，総合的な言語能力が必要となる。論より証拠，ろくに本も読まない私は，「話すこと」もうまくない。会話上達法を論じるなどフンパンモノだが，クソ度胸だけで何とかしているところが見込まれての原稿依頼だろうから，つぎにそのへんの体験を書いて，お茶を濁しておこう。

　そもそも私は自分ほど「学習」嫌いのエスペランチストを知らない。関心が「運動」に偏りすぎているせいか，最初10年間はほぼ完ぺきな初心者のままだった。ただ，歌を歌ったり，劇をしたり——とに

かくよく遊んだ。おかげで聞きかじった単語だけは結構な数になっていたようだ。〔チェック1：方法は何でもいいから、なるべく多くの単語に触れること。まず単語を知らなければハナシにならない。〕

　はじめてまとまった話をしたのは、1984年の日韓青年セミナー。お題は「中心国・周辺国理論」という南北問題に関わる経済学説のひとつで、私は勇んで準備もし、何とか理解してもらおうと必死で話した。結果は？だが、エスペラントで話すことへの勇気と自信のカケラを手に入れたのが大きかった。以後、日韓青年セミナーや全国合宿の世話役を務め、交渉事をしたり、人前で話したりする機会が増えてきた。嫌も応もなかった。平常心を保つこと、伝えるべきポイントを把握すること、乏しい表現力を精一杯活用すること——それこれの大切さを思い知りながら、恥をかくことが実践訓練だったわけだ。〔チェック2：自分のテーマを持とう。伝えたい／聞きたい何か——自分に勇気を与えてくれる何かがあれば、恥をかくのも恐くない…かもしれない。〕

　ちょうど紙面がつきた。恥の上塗りもオシマイ。

**La Movado 505**

# 耳から入った音の貯蓄

松田　洋子

　まだペンシルヴァニアの田舎に住んでいたころ，シュルツ夫妻やハンフリー・トンキン氏からよく電話をもらい，そのたびにおたおた，ふがふが，なんとか英語に切り換えてくれないものかと冷や汗をかきました。実は，中級講座を終えて十数年経ってもほとんどしゃべれなかったのです。世界大会や合宿に参加して，用は足りてもどうもしゃべりづらい。理由は簡単，努力ゼロだったからです。本は読まないしテープは聞きたくても入手困難，しゃべる機会はなるべく避ける。そのうち慣れれば話せるようになると高をくくっていたのです。最近の講習生で，習い始めて数ヵ月でしゃべれる人を見るとほんとにえらいなと思います。エス歴何年？と聞かれるとまた冷や汗ものなので数年前に修業を始めました。高校の英語の時は，NHK の「弁護士ブレストン」を，テープにとって擦り切れるくらい聴きました。まだオープンリールだったから，文字どおりのびて変な音になったものです。テープより先に次にどんなことばがくるか暗記してしまうくらいまで，同じもの

ばかり聴きました。エスペラントの場合も同じように "Ĉu vi parolas Esperante?" やラペンナの演説を聴きました。でも実際話す機会がなかったのですが，たまたま Ekaroj[2] のタナカ・ヨシカツさんになかば強制的に勧められて，ハムの定時交信を始めました。忍耐強く相手をして下さった茨木の山崎隆三さんには，申し訳ないのですが，毎週一時間みっちり話す練習をさせて頂いたおかげで，最初はつっかえつっかえだったのが，少しずつ速く話せるようになりました。まだまだ語彙が足りないのと，表現も決まったものしか使えないので，本を読むしかないと考えています。テープの教材も限られているので，気に入った本を録音しながら朗読するのも，自分の発した音を客観的に聴けるようになるので大変よい訓練法のようです。耳から入った音のかたちでのことばをたくさん貯めること，言いたいこと，聞きたいことがいつもどっさりあるように，このさき修業は続きます。

La Movado 506

2) Esperanta Klubo de Amatora Radio en Japanio

# 「ひらり」を題材に

三瓶　圭子

　「ところで，今朝の "ひらり" はどうなったの？」
「伊東ゆかり（のやっている役）がマンションを借
りて家を出た」「すごく立派な部屋，高そう」「私は
やっぱり家族といっしょに住むべきだと思う」「イ
ヤー僕には気持ちが分からないなあー」「私は分か
る。出来ればあんなに立派でなくともワンルームマ
ンション欲しい」……ある土曜日の勉強会の風景で
ある。わがメンバーの視聴率100％番組を利用して
話を進めることにしている。何しろ見てきたばかり
の朝ドラは頭に鮮明に残っている。誰もが話したく
てたまらないのだ。話題はしだいに "ひらり" とは
関係ない方向にそれていく。それがつけ目だ。とに
かくエスペラントを口に出す練習だからである。横
道にそれて行くことで話題が拡がり，話し手の考え
方，見方が分かり，質問もしやすくなる。だれもが
口に出しやすい状況設定と深刻に考え込まなくとも
良い雰囲気が自然に作られていく。会話にテンポが
つけやすく，場面が記憶に新しいので知らない単語
も，想像して意味が理解出来る。

本はなんとか辞書を片手に読める。文章もこ難し
いことでなければなんとか……。ところが「会話」
となると別物なのだ。「さあ，会話しましょう！」
と言われても，何をどう話していいか分からない。
何等かの動機づけが必要なのだ。そのひとつとして
この方法を試みたのであった。

　実は，この「会話上達法」なる原稿を依頼され，
恐る恐る過去数号を開いてみた。何と言うことだ。
自他共に許す達人ばかりなのである。胎教はエスペ
ラントだったんじゃないかと思われる人ばかりであ
る。この際，勉強をなさいという励ましの言葉と素
直にうけとめることとした。基本に戻ってエスペラ
ント会話が上達するとはどういうことか。りっぱな
内容を美しい表現で正確に話すことだろうか。

　まずは，今相手が何を言いたいのか目と心とそし
て耳で聴くことではないだろうか。私はいろんな引
き出しを持っている人と話をしたいし，私自身も持
ちたいと願っている。相手の心を聴く耳がほしいと
思うし，また，相手に響く言葉で話すことが出来た
らと思っている。

# 会話だけ上達したって意味がない

難波　正二

　こんなくだらん企画，と思ってはいても，お止めになったらとわざわざ一筆啓上さしあげるほどのこともないので黙ってはいたのですが，………原稿を求められて困りました。だいたい私，誠意も内容もなくペラペラしゃべる人は好きになれません。「カンボジアには停戦合意あり」と言ったとたんに犠牲者が出ると「仕方がないな」などと言う人は会話の名人なのでしょうが人格を疑っています。

　エスペラントに限らず××語会話学校だとかが繁盛していますが，会話は学問の対象なのでしょうか。私は貫名美隆先生にエスペラントの手ほどきを受けましたが，あるときこう言われたことがありました。「私英語を教えていますが，学生で Good morning! って言えたら大したものです。」「？？？」「朝出会ってもね，それが言えない人が多いのです。」

　年配のエスペランチストのなかには口べたで，それですばらしい文章を書かれる方がしばしばいられます。内容があってしかも話がうまければそれにこ

したことはありませんが，たとえ口べたでも心をうつものがあればいいではありませんか。

　戦前は自分の主張をあらわにすることが抑えられていました。その後遺症は今でもあるようです。

　「憲法についてどう思いますか？」と聞かれて「わかんなーい」と答える人がいくら会話を勉強したって何になりますか。政治についての見解をもつことがダサイこと，危険なこと，中立主義のふれてはならないこと，といった風潮があらわれていますが，自己主張のない会話なんて意味がありません。

　朝出会ったら Bonan tagon! 旅行に出る友人を見送りに行けなかったらせめて電話で Bonan vojaĝon! これは友人のあいだだったらあたりまえのことですが，わがエスペラント界いささかさびしいようです。これに自分の意思を，つまり安全を祈っているのか，あるいは土産を買ってきてほしいのか，いい写真をとってきてほしいのか，ハッキリつけ加えることが会話以前の問題なのではないでしょうか。

La Movado 508

# 語学力・話題・度胸

後藤　斉

　私は2年前（1991年）まで短大の英文科の教師をしており，英会話なる授業も担当していた。他にネイティブ・スピーカーの授業もあるので，会話そのものというよりは，英語の音声面で日本人が不得意な部分を主に練習するようにしていた。年度の初めには前置きとして会話の上達法のようなことを学生に話しもした。その経験から得た私なりの上達法はエスペラントにも，（そして日本語にも）適用できるはずである。

　私の考えるところ，会話が上手になるための要素は三つある。語学力，話題，度胸である。

　第1は語学力である。当たり前のことのようでいて，会話に関してはなおざりにされがちでもある。しかし，これはやはり当然の前提条件なのであって，しかるべき文法と語彙の修得は言語活動に欠くことができない。ある程度は他の要素で補うことができるが，意思の疎通に誤解が生じないことを保証するのは正しい言葉づかいである。

　第2には話題である。相手に伝えたいと思う何物

かを自分の中に持つことである。あるいは，相手から何か聞き出したいという好奇心を持つことである。うまく話題を相手と共有することができれば，語学力の不足はかなり補うことができる。この点で，外向的な人は有利である。日本語で無口な人が，エスペラントで冗舌になることは，あまりありそうにないが，人生経験を積む中で変わるかもしれない。

　第3には度胸である。正確を期して口ごもってしまっては何も伝わらない。間違いだらけでも，単語のラレツでも，口に出せば要点だけは伝わる。

　この三つの要素をバランスよく伸ばせば理想的であろう。しかし，現実にはなかなか難しい。私自身，第2，第3の点についてはあまり自慢できない。自分の得意な要素で不得意な点をカバーすればいいのであろう。とはいえ，重要さの順序が上の通りだという考えには変わりがない。

# 電話で学習指導

**武藤　たつこ**

　私の会話上達法——こんなタイトルで原稿を書け
といわれて，ウンいいよ，とひきうける人が一体ど
のくらいいるんだろう。結果的にはひきうけてし
まったものの，決して自分の会話が上達していると
自認しているわけではない。ただ，エスペラントと
出合ってから今までの二十数年間を振り返ってみる
と，あることをきっかけに，それ以前より少しは上
達したかもしれないと思われる時期はあった。

　その時期とは今から約13年前のこと。福岡に柳田
忠志さんという方が引っ越してみえたので連絡を
とってみては，と月例会の折にすすめられた。私は
すぐにハガキや電話で当時続けていた週一回の勉強
会へのお誘いを始めた。しばらくして返信が届き，
忙しいから勉強会へはなかなか顔を出せないけど電
話での勉強会なら可能だというようなことが書いて
あった。

　そんな風にそれから約2ヵ月続く電話による
kurso が始まった。出張などでいらっしゃらない時
を除き，ほとんど毎日のように夜遅く30分から1時

間ぐらいエスペラントだけで会話をした。といっても私の方は初めは聞きとるのがせいいっぱいだった。柳田さんは超がつくくらいの大ベテランで，受話器を通して聞こえてくるエスペラントは流ちょうで美しい。そのうち聞くことにも慣れ私の舌も少しずつなめらかになっていったように思う。話す内容は，ごく身近なこと単純なことばかりだったが，エスペラントだけですごす時間を持てるのは楽しかった。しかし，最初の約束通り kurso はほぼ 2 ヵ月で終わり，柳田さんは仕事の都合で福岡を去ってゆかれた。

　私の二十数年間のエスペラント歴の中でたった 2 ヵ月の出来事だった。だけどその 2 ヵ月が私に与えた影響は大きい。会話するということに対する気持が何だか楽になったような気がするのだ。今でも決して流ちょうには話せないし語彙もまだまだ貧弱ではあるけれど。

　10年ののち柳田さんは再び福岡の住人になられた。今はもう電話での kurso は出来なくなってしまったけど，たまに訪問した時はできるだけエスペラントだけで会話をするようにしている。

# おもしろいこと

平井　博文

　私の家庭の公用語はエスペラントだが，でも会話が上達しているとは，かなり疑わしいと思っている。私の単語数は貧弱そのもので，いつか辞書で推計してみると2000語少々だった，でもそれで済ましている。妻の指紋押捺の時は涙と一緒に法律の話を，夕食の後のその日あったことのおしゃべりも，ベッド（本当はフトンだが）の中でも活躍するのは公用語である。いわゆる会話の達人である必要はさらさら無い，と開き直っている。

　私はエスペラントの本を読まないし，あまり書くこともない。不勉強と言えばそのとおりなのだが，それでもそれを生活の道具として普通に使ってはいる。一度この道具を手に入れると，見えなかったことが見えてくる。道具を持っていること，それ自体には何の値打ちも無い。どう使うか，問題は使う自分と相手にある。何をテーマとし，どんな態度で相手に向き合うか，これは自分と相手の個性そのもので，どちらかにそれが欠けると，会話は成り立たな

い。あるいは無味乾燥な事務的なものになる。

　では具体的にどのようにして個性を……するのか，まだ私に人に語れる程の妙案は見付からない。ただ，私は会話中も口の中で，自分の意志をなるべく誤解の少ない単語，構文であらわすよう，別の単語，構文で置き換えてブツブツ言っていた。だが，問題は自分の意図をはっきりさせることである。明快な意図があれば，方法は口のほかにも，手足を，顔の筋肉を，目を，マンガを，トンチを，なんであろうと自分の限りを尽くすことは難しくはない。また，相手の意図を知ろうとそのように手を尽くしたら，おもしろくない会話なんてあるはずが無い。しかし，会話はこれまた手段であって，目的ではない。


　自分を振り返って，私のエスペラントの会話は，ベテランから見ておかしかっただろうし，あわれでさえあったと思うが，私には充分おもしろかった。ただ，それを恥と感じる感性に対して，おもしろさの方がいつも勝っていた。そんな相手に巡り合えた。


La Movado 511

# なぜしゃべれないか

上平　泰子

　この欄にはこれまでそうそうたる方々が登場し，それぞれ傾聴に価する意見を述べられた。そこで今回は万年 komencanto の代表として「なぜしゃべれないか」を分析せよとのことで，私が選ばれたらしい。この名誉を担って真剣に反省してみよう。

　私の場合原因は①語彙が乏しい。②直接エスペラントで発想できない，ということである。

　①については日常的な話題はさておき，少し内容のある事を話そうとすると，たちまち片っ端から単語が分からず手も足も出なくなってしまうのだ。言語が頭の中，心の中にある事を伝え合う道具であるとするならば，私のエスペラントは言語として機能していないことになる。単語を増やすにはまず沢山読むことだが，ザメンホフ祭のたびに買いこんだ本が大部分ツンドクのままになっている怠惰を恥じるばかりである。

　②については少し複雑な事になると，無意識のうちに和文エス訳または英文エス訳をやってしまうので，書くのはともかく話すにはとても間に合わない

ということである。

　毎日のようにエスペラントを使う環境にある場合は別として，週1回の例会だけで習得しようとすれば，自分の孤独な時間における訓練が必要であろう。

　その方法は（A）口頭による文型練習（複合時制，複文などの基本構文を単語を入れ替え人称時制を変えて何度も声に出して言ってみること）（B）エスペラントで考えること（「今日はいい天気だ」に始まって「死刑は廃止すべきか」に至るまで，日常無数に考えている事を直接エスペラントで発想するようにしむけていくこと）である。

　私は英語についてこの（A）と（B）の訓練を1年程やった時，かなり自由に話せるようになったのに気づいたことを憶えている。ではなぜエスペラントについてそれをしないのかと問われれば一言もない。退屈で忍耐力の要るこの訓練を今さら行う元気がないのかも知れない。

　以上が万年 komencanto の反省の弁である。

# 気楽に学習を

三宅　栄治

　会話の上達法，そんなものがもしあるとすれば，会話の上手な，そして相手かまわず依怙地にエスペラント会話を押し通す友人を持つことが一番と思う。数年前まで，幸いなことに私のまわりにそういう人物が複数いたので，エスペラント会話への抵抗感を弱めることができたような気がする。なかでも1人は初対面の時以来，道で会っても，電話でも，必ずエスペラントしか話さなかった。彼の日本語を初めて聞いたのは，約2年後のことだった。彼のはかなり早口のエスペラントだったが，日本語でもやはり早口なんだなと妙に納得した覚えがある。もちろん身近にそういう人物を見つけられない場合も多いが，どのエスペラント会にも，1人くらいは親切なベテランがいて初心者の会話にトコトンつき合ってくれるものである。引き合いに出して悪いが，私が所属していた京都エスペラント会のTさんなどはその典型である。会話練習で随分電話代を使わせてしまったので今でも申しわけないと思っている。

　ところで，会話が上手になりたいと願う人を大別

すると2種類になるのではないかと思う。1つはふだんからおしゃべりで話したいことが山ほどあり，話したくてうずうずしているのだが，語学力が不足してうまくしゃべれない場合。これは，前に書いたように気軽にしゃべれる友人か親切なベテランをみつけることで解決がつく。もし自分のロンドで見つからなければ，大会や合宿で相手を探せばよい。

　2つめは，日本語でも人と話すことが苦手で，話題もうまく見つけられないというタイプである。（私もどちらかというと，こちらに属する。）このタイプは，会話ができないということにコンプレックスをもつことが多いし，自分から積極的に相手を探す勇気も持ち合わせていないのが普通である。ではどうすればよいか。結論だけいうと，別に会話なんか上達しなくてもいいと開き直ってしまうのがいいのではないか。エスペラントの楽しみは，読書もあるし文通もある。何も外国人とペラペラしゃべれなくても劣等感を抱く必要はないはずだ。自分にあった方法で気楽に学習を続けていくことが一番大事な事なのだから，「しゃべらなければ」という強迫観念のようなものは早く捨ててしまおう。そして自分の関心がある分野で何か話してみたいことができたら，例会で気のおけない人と短くてもいいからエスペラントで話してみる。そういうことを気長に繰り返すうちに自信もできてくることと思う。

以上は相当エスペラント界から遠ざかり，たまに外国人からの電話があるとうろたえてしまう人間のたわ言として読み流してもらってよいが，以前から「習うより慣れろ」一点張りの会話術には疑問をもっていたことも事実である。

La Movado 513

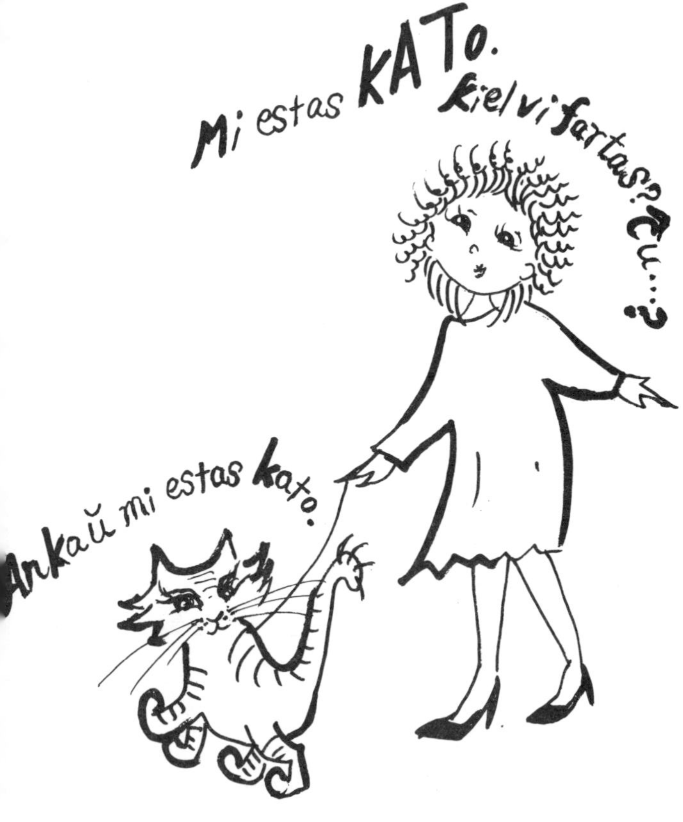
Mi estas KATO.
Kiel vi fartas? Ĉu...?
Ankaŭ mi estas kato.

# 家庭で使う

**加藤木　みずえ**

エスペラントの勉強を始めて25年経った今現在，日常会話にはさほど不自由しないまでになった。そのわけは，幸いなことに常にエスペラントを話す状況の中にいたからだと思う。

まず第一に海外旅行。「エスペラントは国際共通語」との歌い文句に魅かれ，25歳の夏に友人と2人でヨーロッパ13ヵ国・4ヵ月間の旅に出た。エスペラントしか通じない相手との数多くの会話。練習のために，友人と2人だけのときも日本語は使わなかった。とにかく，エスペランチストと見たらしゃべってしゃべってしゃべりまくった。おかげで，文章を書くのも上手になったようだ。

第二に，家庭でもエスペラントで会話したこと。夫婦ともエスペランチストであったのは幸いであった。結婚当初は，はりきって会話に励んでいた。ずっと続いていれば，私の会話力も相当なものになっていたはずだが…。残念なことに，7年程経ったところで消滅してしまった。原因は，この私。仕事と学業の両方で忙しいの，疲れるのといって，だ

んだんとエスペラントを使わなくなっていったから
だ。しかし，だからといって会話が一切なくなった
わけではない。幸いにも，毎年必ず幾人かの海外か
らのお客様があり，その時には当然我が家の会話は
エスペラントとなる。訪問客は夏が多い。そのため
か，夏の終わりになると私の舌がいつもより滑らか
になっている。

　この春，8ヵ月間のロシア留学を終えて帰国した
のを機に，夫が再び日常語をエスペラントとした。
今，我が家では，夫がエスペラント，私が日本語と
いう奇妙な会話が成立している。奇妙ではあるが，
エスペラントが使われているという点では，会話の
足しになっていると思う。

　第三に，私にもエスペラント会話を押し通す友人
が数人いるということ。しかも相手は私より会話が
上手だから，いうことなし。

　これからも，今までのような幸せな環境を大いに
利用し，会話の上達に励んでいこうと思っている。

# 人に会うこと

池田　嘉近

　「会話の練習」といっても，座の盛り上げ方とか，どうやって相手を自分のペースに引き込むかということの練習ではあるまい。要は相手の話の内容が理解出来て，自分の意見なり，感情なりを口ですらすらと言い表すことが出来るようになりたいということであろう。ならば，まずは単語をたくさん覚え，いろいろな表現をたくさん身につけることが必要だ。

　それから先は人さまざまであると思う。日本語で無口な人がエスペラントではおしゃべりになるとも思えない。ぺらぺらとしゃべる能力があっても，内容が無ければ無意味だと考える人もいれば，別にたいした内容が無くとも，話のやりとりをすることの雰囲気を楽しむ人もいるだろう。言葉の響きが行き交う楽しみもすてがたいかもしれない。いずれにせよ自分が望むことができるようになるためには，そうしたいという，はっきりした意志を持つこと，それと多くの場数を踏むことであろう。それに自分の創意と工夫を加えて効率良く自分のものにする努力

が必要であろう。

　これは当たり前のことであり，こんなふうに言ってしまえば実もふたも無い。La Movado の貴重な紙面を頂いてこんなことしか書かないのでは申し訳無い。そこでこの「当たり前」をふまえた上での会話の上達方法のヒントを komencanto の方へ少々。

　会話には相手が要ります。机の前から離れて，人に会うこと。エスペラントの例会などに出席するのはとても有効だと思います。そしてまずは，自分の言いたいことを相手に分からせたいという情熱を抱くこと。単語を知らなければ言い回しを変えて，ああ言ってみたり，こう言ってみたり。次に言い間違いを恐れないこと。相手が自分の言いたいことを正確に理解したと思ったらそれで良しとしましょう。親切なベテランを見付けて大いに利用しましょう。ベテランには勘のいい人が多くて，こちらが単語を二つ三つ並べて，そのあとウーンとうなっているとすべてを察して，返事をしてくれる事があります。これでは勉強になりません。こんな親切は頂かないようあらかじめお願いしておきましょう。こんなヒントでもお役に立てばうれしいのですが。

# 恥をかき，何を話すか，何を聞くか

田平　正子

　外国人としゃべれるようになりたい，という人に聞きたい。なぜ？「誰」と「いかに」しゃべるかが大事ですか，「何を」しゃべるかが大事ですか？単語さえ知っていればできるのに，と言う人に聞きたい。単語の組み合わせ方がわかっているのですか？

　「聞く，読む，書く」の訓練をしていて，「話す」必要のある人なら，何とか通じる。私自身は「読む，書く」が苦手で，「聞く」にたよっている。赤ん坊と同じで，「わからなくても聞く」。実は子供の時のけがで右耳がほとんど聞こえず，最近も左耳の突発性難聴がなおらず，聞くことも楽ではないのだけど。

　でも「読む，書く」は自分でするものだが，「聞く」は簡単。「聞こえる所」に行けばいいのだから。例会でも合宿でも大会でも，エスペランティストがいるところならエスペラントが聞こえる。人と違うのは，「わかるようになってから聞こう」でなくて，「わからないから聞こう」。自分から出かけなくても，自宅にエスペランティストを泊めれば簡

単。「しゃべれるようになってから泊めよう」ではなくて，「しゃべれないから泊めよう」。うまい，へたではなくコミュニケーションが楽しいから。

　生まれて初めて参加した合宿でエスペラントを聞く楽しさが実感できたのが，藤本達生講師のおかげだった。生まれて初めての外国（韓国）で，エスペラントで話す楽しさが実感できたのが，So Gilsu 後輩 (！) との「不眠競争」のおかげ。以来，大会や合宿で夜寝ないくせがついた。すばらしいエスペランティストが，寝ないで相手をしてくれるのだから。こんな機会を逃したら損々。

　古き良き時代（1970年代），市内電話は一日中でも10円だったから，今は夫である稔が毎晩夜明けまでエスペラントだけで電話してきた。尊敬するエスペラント作家の上山政夫さんがいつも「恥をかけ，書け（しゃべるにも書くにも）」と励ましてくれたのもなつかしい。

　"Kroata Milita Noktlibro" の書評のため，読みながら知らない言葉に赤線を引いていたら，居候していた外国人エスペランティスト（初心者！）が「30年近くもやって，こんな単語も知らんのか」とあきれていた。学術用語も時事用語も知らないフツーのおばさんだもの。恥をかくことと「何を話したいか」「何を聞きたいか」の積み重ねのみ。

La Movado 516

# 聞くより言うのが先だった

ほった　ひろひこ

　無目的な会話を目的にした上達法なんかありえない。なにかを伝えるために話したいのだ。そのためには意見を持つことが先決だ。また相手の意見がわかっても反論できないとつまらないが，言うだけ言えれば，相手の意見がわからなくてもこちらには不満が残らない，と考えて，私が勉強をした方法を紹介する。しかし，おなじ方法があなたの役に立つかどうか私は知らない。

(1) 自分のための単語帳をつくった。

　エスペラントをはじめたころ，短期間のうちに自分の言いたいことを言えるようになりたかった。本を読んだ順々に表現や単語をおぼえていくのは，かったるかった。ある人は，手帳を持ち歩いてどういえばいいのかと思いついたことをメモに取って，そこから表現を学んで，3ヵ月の学習でヨーロッパひとり旅をしたと聞いた。さっそく小さな手帳を買い込んでメモ魔になった。でも問題にも気がついた。メモした疑問の中で辞書で解決できないことがたくさん出たのだ。

(2) 人様の知恵を借りた。

　こうした疑問を晴らすために，合宿や例会で，人をつかまえては聞いて回った。地元エスペラント会の例会に出席したり，合宿という合宿にお金が続く限り参加して，語学力のありそうな人を手あたり次第つかまえては教えを願った。かなりできるベテランでも，得意不得意があるので，いつもこちらの期待した回答をしてくれるとは限らなかったが，話をしているうちに，ヒントがつかめ，答えを見つけていた。

　(3) 標準語で考えるのを避けた。

　エスペラントで考えるなんて最初はできなかった。あたまのなかで通訳していた。辞書や教本で標準語での訳文があったが，私にはこれがピンとこなかった。標準語が自分のことば（北河内なまりの京都語）でないからだ。2回も通訳（エスペラント⇔標準語⇔自分のことば）すると疲れた。これではたまらんと，先に紹介した手帳も含めて「自分のことば」とエスペラントとの間の意味をつなぐようにした。そしたら楽になって，そのうち通訳を意識しなくなった。


**La Movado 517**

# 楽しさの中で

土居　智江子

　私がエスペラントを勉強し始めたのは学生時代の1961年であった。私は大学の寮に住み，学内にはエスペラント研究会があり，ほとんど毎日仲間たちとエスペラントでしゃべったり，本を読んだりしていた。学外にも学生のエスペラント連盟があり，年に何回も合宿があり，私たちはいつも楽しくエスペラントとつき合い，こうした楽しさの中で競い合い，力をつけていった。非常に恵まれていたと思える。

　それでも私は最初のうちは人の話が全く聞き取れなかったし，自分では話したいことがいっぱいあるのに，単語を知らないから "Mi, mi," としか言えなかった。そのために私は "Cikado" と呼ばれていた。1961年末から翌年初めにかけて亀岡で開かれた合宿に参加した時は，自分の意思は何とか伝えることはできたが，普通の速さで話されると，よく分からないことが多かった。ところが3ヵ月後，浜名湖畔で開かれた JELS（日本エスペランチスト学生連盟）の第1回合宿に参加した時にはそれほど不自

由を感じた記憶がないから，この3ヵ月間に私は
きっとかなり上達したのではないかと思う。

　このころ私はエスペラントで日記をつけていた。
「話す」というのは「自分を語る」ということだか
ら，日記や手紙で自分を語ることがとてもいい練習
になったのだろう。またこのころエスペラントの本
を友人たちと競って読み，語彙を増やしたことも相
手の話を聴くのに役立ったと思う。そしてもうひと
つ，私が学内の研究会や学生連盟の役員をするな
ど，積極的にエスペラントにかかわっていたことが
一番プラスに働いたのではないかと思う。

　子供のころの私はおとなしく，人前で話すことが
苦痛であった。今もそういうことはできれば避けた
いと思っている。そんな私がなぜかあの一時期だけ
非常に積極的であり，エスペラントで一生懸命自分
を語ろうとしていた。今，不思議な気持ちであのこ
ろの私を思い出している。

　会話上達法も，エスペラントの勉強の仕方も，時
代や生活環境や年齢や性格や才能によってずい分
違ってくると思う。私が今，エスペラントを学び始
め，会話能力をアップしたいと思ったら，どうする
だろう。今はカセットテープやCDもあるし，海外
旅行も夢ではないし……。とにかく楽しみながらで
きればいいですね。

La Movado 518

# 語彙を増やそう！

中津　正徳

　自分の考えを自由自在に表現するには，使える単語の数を増やすことが必須で，語彙を増やすにはエスペラントが好きになり毎日その言葉に触れることが一番だと思います。私は一日に一度は必ずエスペラントと接しています。そうしているうちに自然に人の話が聞けるようになり話せるようになりました。

　初心者のころはおもしろいと感じた本は2，3回読み返したり，エロシェンコの "Rakontoj de Velkinta Folio" のように何回も繰り返し読んだものもありました。繰り返し読むことで基本的な単語や接頭辞および接尾辞の使い方をマスターできたと思っています。トイレの中に基本単語集と鉛筆を常備し，覚えた単語にチェックを入れては，その数が増えるのを楽しみにしていたこともありました。また，日常の出来事や頭の中に浮かんできたことを日本語から翻訳することなく直接エスペラントで表現する訓練として，エスペラントでひとり言をよく言ったものでした。

例えば，私を追い抜いて行く人を見て "Kial li rapidegas?" "Ĉu lin atendas grava afero?" "Ĉu lin atendas tiel bela edzino, ke li ne povas malrapide iri hejmen?" "Tamen li devos halti ĉe la vojkruciĝo, ĉar la trafiksignalo baldaŭ ŝanĝiĝos de verdo al ruĝo." とか，駅へ向っているとき時計を見て "Restas kvin minutoj. Rapidu kaj mi povos kapti la trajnon." そんなことを言いながら駆け出したものでした。

　私の所属する高槻エスペラント会には西川豊蔵さんや竹内義一さん，竹内登美子さん[3]などエスペラントだけで話の通じるベテランがいます。「エスペラントで話が出来るようになりたい」という刺激を受けたり，エスペラントで話しかければエスペラントで返事が返ってくるという恵まれた環境の中にいたことが私のエスペラントでの会話を上達させてくれた大きな要素だったと思います。

　会話を実践する機会の少ない人やロンドの例会に出席できない人は林間学校や大会に積極的に参加して，会話のチャンスを有効に活用することをお勧めします。

La Movado 519

---

3) 竹内登美子さんは，1998年に亡くなられた。

# "La Teksto Unua" まる暗記

三津　英子

　外国人と話をすることができたら私の世界はもっと広がるのにと，約十数年前語学に興味を持ち出したころ，エスペラントのチラシを知人からもらった。「やさしく学べて，世界中の人達と友達になれる。云々」と言う内容のものだった。そして初等講習会費が10回3000円という安さだった。ホントかなと冷やかし半分で参加した。"La Teksto Unua" を手渡された時は「あのう，これ教科書？」と思った程，薄っぺらいものであった。何課だったか。講師がエスペラントの響きとはどんなものか，朗読してくださった。低音の魅力を響かせた流暢なエスペラントが耳に心地よかった。直感で私に合っていると思った。講習会では，講師の言われることを素直に聞くようにした。単語の試験，重要な文章の暗記，第7課まる暗記と，結構覚える宿題が出され，一応まじめに覚えた。そのたびに薄紙が剥がれるように，習った単語を聞き取れるようになっていた。7課あたりで講師が「これ位までくると，もうかなり日常会話が話せるはずです。一度しゃべってみま

しょう」と言ってべらべら。エスペラントのすごさにも驚いたが，少ない単語で話す講師の会話力にもすごい，憎い，と思った。「会話がうまくなりたければ "La Teksto Unua" をまる暗記すればいいんですよ」と言われ，実行することにした。

　一週間に一課ずつ覚える事，一課が2ページなので月曜から木曜は半ページずつ覚え，金曜から日曜は通しでイントネーション，発音などに注意するようにした。意外や，やればやる程飽きがこなくて歩きながらでも楽しく口ずさむことができた。覚えれば，次は使いたくなるもので，先輩達にあつかましく迫ることにした。忍耐強く相手になってくださる人達がたくさんいたし，また，辞書を片手に外国人を，どこかへ案内することも楽しかった。とりわけ講師がよく話し相手になってくださった。顔を見るとごまかしやすいからと言って，電話を使っての会話練習も何ヵ月間かしてくださった。今やそのお陰で世界中の人達と話す楽しさも味わう事ができるようになった。薄っぺらい教科書が世界に目を向けるようにしてくれた。今でも時々口ずさむようにしている。

　そして今，自分の仕事（化学薬品関係）また趣味である芸術分野の専門用語を覚え，一歩進んで深みのあるエスペラントの会話を身につけたいと思っている。

La Movado 520

# 文通で語彙を増やそう

きもと　やすひろ

　私は本当は会話は下手である。今に至るまで，うまく話せるようになりたいなと思ってきた。で，同じような方のために私の経験などを書いてみる。

　語彙が豊富で文法が確か，であるなら話せて当然である。会話がうまい，ということはそうでないにもかかわらず何とかしゃべって，意志の疎通が図られている。ということをさすのだと思う。つまり，いかにダムの水位が低くとも蛇口の水の勢いは良い（多少水質は悪くとも），ことをさすのだと思う。つまり，流れをよくすること，そのためのコツ。これは気分をハイにして陽気にずうずうしい状態になることである。そう，一杯飲んだときのあの気分である。飲まなくっても，このような躁の気分になっておいて，そしてエスペラントの会話に臨む。しかし，多分この後，あなたは冷や汗の出る思いをするかも知れない。相手の言葉をまちがって解釈してしまったとか，こういうつもりで言った言葉があやふやで選択を間違ってとんちんかんなことを言っていたとか。しかし，こうしてあなたはその言葉を自分

のものにしていくわけだ。出たとこ勝負で声が出て，そして話が通じた喜びと，話が通じなかった悔しさとを味わった後，その言葉は自分のものとなっていく。そしてもっと会話がうまくなりたい，という意欲がわいてくる。

　やはりダムにはきれいな水をたっぷり入れておきたい。語彙を増やしたい。このためにはやはり文通しかないとおもう。自分の話したいこと，つまり自分の話題を辞書をひきひき苦労して書く。自分の話題は文通でも，会話でもそんなに変わらないと思う。日本の紹介，歴史の紹介，または自分の町の紹介，自分の話題に必要な語彙は少しずつ増えてくる。

　それにしても，このたびの池田の関西エスペラント大会で，壇上に出たベテランの人々のエスペラント。最もふさわしい単語を分かりやすい語順に並べている。しかもこれらを推敲することなく瞬間的にやっている。私もあんなふうになりたい。どなたかそのための方法を教えていただけませんか。

**La Movado 521**

# 冷汗のすすめ

川越　ユリ

　会話上達法についての私の信条は，本誌509号本欄掲載（24ページ）の後藤斉さんのご意見と全く同じである。後藤さんは，会話が上手になるための要素は，語学力，話題，度胸の３つであるとおっしゃっている。

　この３要素中，こつこつ努力すべき「語学力」については，すでにこの欄でも多く紹介がされているので，私は「度胸」について，私自身の経験からお話ししたい。

　そもそも，私自身には「こつこつ」が欠けている。それで，最初のエスペラント外国旅行の前にも言葉の勉強はなおざりだった。最初の訪問国ドイツに着いて数日後，次に訪れる予定の町のベテランのエスペランチストから電話があり "Ĉu Germanio plaĉas al vi?" と尋ねられた。わたしは plaĉas という単語を知らなかった。結局なんと答えたのか覚えていない。冷汗で体がべとべとになったことだけを覚えている。さっそく辞書で調べた。次の日，この単語を自分で使ってみた。そして，この単語は私のも

のになった。

　冷汗と共に体にしみこむ。言葉そのもののみではない。外国人との話し方，理解できない時の聞き返し方やごまかし方も同様である。このやり方で私は外国語とエスペラントを勉強してきた。例えば，できもしないのに通訳や案内をひきうけた。一夜づけの準備だけで開き直って乗り越えたことも多い。

　日本語の通じない外国人と話す機会に自分を追い込んでみてはどうだろう。もちろん日本人と話すことでも良いのだが，冷汗の量は比較にならない。外国人があなたの町の例会にやって来たら勇気を出して質問してみる。二人きりで話をしてみる。もっと進んで，一人で案内すると申し出る。（旅行中の外国人エスペランチストは一般に寛大。案内してもらっているということで，下手なしゃべり方にもつきあってくれる。）合宿などでも同様だ。最初は，話題が続かない。しかし，その苦労は次回までに話題探しをするための駆動力になると思う。冷汗をかいた後の安堵感は快感だ。進歩に気がついた時の喜びは大きい。これを励みにさらなる冷汗舞台に臨んでみてはどうであろうか。

La Movado 522

# 音読・暗唱

佐藤　守男

　こういうテーマを扱うのは会話が得意な人か，少なくとも会話に意気込んで努力している人がふさわしいと思うのだが，なぜか全くふさわしくないと確信している自分にお鉢が回ってきた。しかし，会話上達のためにはこうすればよいという考えがない訳ではない。考えがあっても，実行できていないのでご披露するには少々気がひけるのだが，これを機会に頑張ってみようとは思う。

　さて，1にも2にも会話上達のためには La Unua Kursolibro 程度のものを音読しながら丸暗記するのが最高だと思う。通常の会話で必要な文体はほとんどそれに収録されているからだ。とはいえ，丸暗記なんてなかなかそんな気にはなれないのが普通だ。第一，La Unua Kursolibro では丸暗記するには内容が面白くない。同じ暗記するなら，もっと内容のある格調の高いものを自分なら選びたいと思う。ザメンホフの演説集などはその一つ。川西徹郎さんのザメンホフの演説の暗唱は有名だが，川西さんの流暢な会話や parolado は多分以前からのそういう暗唱

の積み重ねの結果，築かれてきたものではないかと思う。聴き取りやすくて，リズミカルで，快く人の耳に響いてくる（まるで音楽を聴いているようだ）。これにあこがれてしまうのだが，なかなかマネのできるものではない。もちろん，ザメンホフの演説集に限らない。人それぞれ自分の気に入った文章が見つかれば，それでもよい。丸暗記するという点では，大会などで積極的に deklama konkurso や oratora konkurso に出場することも会話上達のために大変有益だと思う。

　ところで，気に入った文章を見つけるというのも，口でいうほど簡単なものではない。そのために何よりもまず本を読まなければならないからだ。読むということが学習の基礎であるとよくいわれるが，それは真理である。そして会話上達を意識するなら，必ず音読すること。口を絶えずエスペラント風に動かしておくと効果的に頭脳がエスペラント的に働くことは確かである。私の経験では，ある事情で相当長期間エスペラントから遠ざかっていて，突然エスペラントを使うことを迫られるとき（急に外国のお客さんがあるときなど），直前になるべく大きな声で本を読み，頭を Esperantujo に引き入れるようにしているが，効き目があるように思う。吹田エスペラント会の松田洋子さんは梅棹忠夫さんのためにテープの吹き込みを長らくやっているが，彼女

の流暢な会話もそのせいかも知れない。

　という訳で，良い文章，気に入った文章の音読・暗唱を心がけてみてはどうだろう。これを機会に私自身やってみるつもりだ。

Parolas KATO.

# 語学きらい人間の一人旅

吉田　ミナ

　私は語学の勉強がきらいです。他の勉強はきらい
なわけではないのですが，どうしても語学というだ
けで拒否反応を起こしてしまいます。中学，高校で
は受験のため（とは言っても，受験で足を引っ張っ
ていたのはいつも英語でした）に，大学では必修科
目であったので，単位を取るためにのみ力を使って
いました。その私が初めて自主的に勉強しようと
思った言葉がエスペラントでした。エスペラントが
好きだという理由からではありません。海外旅行，
それも外国人と真に触れてその人たちがどのような
物を食べ，どのような所に住んで，どのように暮ら
しているかを知ることのできる旅行がしたかったか
らです。しかし，今まで語学の勉強をなおざりにし
てきた私が，他の人のように「エスペラントは簡単
よ」と言えるわけがありませんで，旅行へ行く直前
でも会話は心許ないものでした。ただ，元来の楽天
的な性格が幸いしたのかどうかはわかりませんが，
周りの心配をよそに，ヨーロッパ一人旅へと出かけ
てしまいました。

最初に泊めてもらった家の子供たちは（と言っても20歳過ぎ），生まれた時から父親とはエスペラントでしか会話をしたことがないという徹底したエスペラント家族でした。それでも，スラスラとしゃべれない私をとても暖かく迎えてくれ，その上 "Vi estas tre ĉarma" などと，とにかくほめてくれ，すっかり気を良くした私はなぜかエスペラントも上達した気分になり，上機嫌で帰って来ました。その後も一度しめた味を忘れることができなかったので，いやな勉強を続けることができました。

　こんな私なので具体的な勉強で皆様の参考にしていただくことはなにもありませんが，語学きらい人間であった私をまがりなりにもエスペラントの学習にかりたてたのは，やっぱり外国人と話をして相手を知りたいという気持ちだったと思います。会話は目的でなく手段ですので，何か目的を持てば，勉強するにもはりが出るし，勇気も度胸もわいてくると思います。

La Movado 524

# 本を買ってどんどん読もう

島谷　剛

　だいたい，日本語でも無口なほうだから，例会に外国からのお客様が来てもだまって聞いているほうが多い。それでも，一応の受け答えができるようになったのは，本を読むのが好きだからだと思う。

　最初に自分で読んだのはトルストイの "Ivan la Malsaĝulo"（イワンのばか）である。輪読ではないので訳したりせず，直接エスペラントが頭の中に入ってくる感覚が新鮮だった。

　一時期かなり乱読した。専門分野の本も読むが，探偵小説や SF もいい。かばんの中には常に本があるようにしている。電車の中はもちろん，歩きながらでも本を読む。

　同じロンドに相手の都合をかまわずエスペラントで話しかけてくる人がいるので勉強になるが，やはり量・質ともに基礎は読書である。多様な良質の本が時機を失せず提供されることが望ましい。しかし紙の本は資金と時間を食う。修正もできない。

　最近は録音機が軽くて音も良くなったので，レザさんの "Najtingalo" なども歩きながら聴いている。

テープなら印刷製本費用はいらない。「増刷」も小さい単位でできる。ただ，一本が短すぎる。昔はよく聞き取れなくて何度も聴いたが，今は2・3回も聴くと飽きてしまう。

　最近は小説などを文字や図形としてコンピュータに入れたものがある。百科辞典が何セットも一枚のCDに入ってしまう。フロッピーディスクでも文庫本くらいなら入る。自費出版をフロッピーで出せれば，資金も準備期間も少なくて済む。[4]

　ポケットにはいるデジタル読書機が普及するのは時間の問題だろう。しかしそのとき画面に出るのがC^u vi mang^os c^okoladon? というように，字上符が上にないのでは情けない。

　エスペラントなどの字上符付きの文字もきちんとコード化しようとしているのはTRONくらいしかない。多国語対応というのだが，ハングルやアラビア文字なども含めると，かなりの人手がいる。エスペランティストの立場から協力をしていくつもりだが，1人ではさびしいから，いっしょにやりませんか？[5]

**La Movado 525**

---

4) 現在では，インターネットでポーランド放送などを聞くことができる。私も狂言の対訳や小説などをホームページで公開している。

5) すでに『超漢字』というBTRON仕様のOSでは，エスペラントの字上符つき文字も使用可能になっている。

# ええかっこしいを捨てよう

### 小野　マヤ

　語学の習得というテーマに関しては，ひとつ是非お話ししたい人物がいます。実は私の edzo であります。ただエスペランチストでない人間についての話なので非常に恐縮なのですが。

　彼は26歳の時初めてイギリスで語学留学なるものを経験したのですが，そのときの彼はホームステイ先のおばさんに家に迎え入れられ「お名前は？」と何度聞かれてもそれすら理解出来なかった，といいます。結局，我慢強いおばさんは夫，娘，息子，ついには犬まで引っ張り出してきて「彼はポール，あなたは？」と繰り返したそうですが，無駄でした。

　翌日，彼はスクールに入学しクラス分けを受けました。クラス分けはペーパーテストによってなされます。日本人は聞き取りは苦手でも筆記試験は得意なので他の日本人は次々とAかBクラスに分けられていきました。その中で彼はなんとEクラスだったのです。Eに分けられる生徒というのは，ほとんど英語というものに触れたことのない人達で最初の授業はアルファベットを覚えることからでした。彼は

他の本物の初心者達と先生の後に続いて黒板に大きく書かれた"A", "B"という字を発音していくうちに情けなさで涙があふれたのだそうです。しかしそこでひるむような彼ではありませんでした。生来の楽天的性格が幸いして常に自然体で気負わなかったのがよかったのでしょうか。数ヵ月たったある日，周りのおしゃべりを理解している自分に突然気付いたのです。それからはもうこっちのものです。猛然とだれかれ構わず，しゃべりはじめました。はっきり言って彼の文法はめちゃくちゃで発音もまあこんな大阪弁なまりで，と思いますが，不思議としっかり通じているものなのです。頭の中でヘンに文法を組み立てながら，おどおど話すより，彼の妙な自信に満ちた大阪弁英語の方がわかりやすい事もあるのです。

　要は「ええかっこしい」を捨てることです。そうこうするうちに本当に上手になってええかっこしてもサマになるだろうと思います。

La Movado 526

# 会話になじむには語順を変えずに訳読を

佐野　寛

　単語の知識が豊富でも，会話へ移行ができない日本人が多い。最大の理由は「文章の語順が逆になると，頭の中で並べ替えに時間がかかり間に合わぬ」こと。

　エスペラントは，語順のもっとも自由な言語ですが，実際のエス文は大抵，日本語の順と一致しません。「mi amas vin」のように「主語→動詞→目的語」が圧倒的に多い。その順序になじめない限り，話された瞬間に一々逆転せねばならず，聞き返してばかりいて，会話はすぐ途切れてしまいます。

　……例会で訳読の時，「主語→目的語→動詞」にいちいち語順を入れ替えて訳していませんか？　そのような訳読の勉強は，会話練習には百害あって一利なしです。「完全な日本語」など追求せず，出された文は，できるだけそのまま丸呑みして訳そう。

　　"mi amas vin, eterne"

　　　　「私は　愛しますよ　君を，永久に」

　　"li estas instruisto"

　　　　「彼は　ですね　先生（よ）」

ここで，「よ」とか「ね」とか，無意味に近い助詞を入れてやるのが，ちょっとしたコツです。動詞が後ろの名詞にくっ付いて「愛する君」になってしまわないように，切り放す仕掛けです。「語順を変えぬ訳読」にちょっとした難関は関係代名詞です。「○○, kiu～」を「そしてその○○」と流し訳します。

"Mi amas lin, kiu havas la edzinon."

　　　　「私は　愛しているよ　彼を　そしてその彼は　持っているよ　妻を」

　最初は少し変な気がしますが，すぐ慣れます。…やがてある日，ベテランのしゃべるエスペラントが，突然そのままの順序で耳に入ってくるでしょう。

　ご注意：実はどうしょうもない例外があります。それは「前置詞」の訳です。

"en la ĉambro"

　　　　「の中に（←）部屋」

では，さすがに通じない。日本語には「前置詞」がなく，助詞＝「後置詞」に換わるからです。まとめて少し早口で「部屋の中に」と言い切るしかありません。この点だけ留意していけば（この留意は前置詞句を，ひとかたまりの句として把握する練習にも役立ちます），やがてよどみなく「戻らずに」話が聞けるようになっていきます。

La Movado 527

# 耳の助けと筋肉の訓練と

竹内　登美子

　家族が2人だけなので，家庭ではエスペラントで
話すことにしていた。もちろん知らない単語が出て
くるのはしばしばであった。だからといって家事の
手を止めて辞書をめくることはせず，日本語の単語
を交ぜて済ませることにした。ときには耳から覚え
た単語があって，それを書物の中で見つけたときの
奇妙な感動を未だに覚えている。しかしこれは相手
の要ることで，だれにでも勧めることはできない。
できるだけたくさん読みなさいと多くの人が言う。
いろいろな単語や構文に出会い，ポケットをふくら
ますのには役立つだろう。でも記憶力が弱くなって
くるとポケットに入れたことを忘れてしまう。以
前，高槻へ来たハンガリーの女性が「土曜日に2時
間学習するよりも毎日15分間しなさい。1週間たて
ば忘れてしまうものだからね」といった。これはよ
い忠告だと思っている。

　読書をする際は黙読ではなく，大きな声を出して
読む方がよい。耳の助けも借りた方がよいのは当然
だが，エスペラントを発音するときは，筋肉の使い

方が少し違うのではないかと思うからだ。普段から訓練しておいた方が筋肉の動きが滑らかになり，よい発音ができるのではないかとひそかに推察する。中国国際放送（旧北京放送）を聞くことを日課にしてはどうだろう。団地に転居してから以前より聞きづらくなった。でも毎日午後8時には聞くようにしている。雑音だけのときもあるが，聞こうという気持ちが大切だと考えている。

　例会，地方大会，日本大会，世界大会，合宿など，エスペラント界の行事に可能な限り参加するのがよいと思う。多くの仲間との出会いがあり，その人たちの真しな姿を見れば，身も心も引き締まる思いがする。そして世界大会が開催できるのは，世界に平和が保たれていることの証であると私は思っている。

　最後に，宮本正男さんは，私たちとエスペラントで話すことはなかったが，外国からのエスペランチストとは日本語で話すときと同様に，まるで機関銃を撃ちまくるような速さでしゃべりまくっていたのをいまなつかしく思う。

La Movado 528

# Praktiko, praktiko, praktiko!

NISIO Tutomu

Tiun ĉi artikolon mi skribas en Esperanto malsame ol ĝisnunaj, ĉar mi deziras reciproki samideanan inter-kuraĝigon kun iom progresintaj praktikantoj de tiu lingvo.

Esperanto estas amas-movado. Mi diras tion, ne nur pro tio ke ĝi estas movado de tiuj, kiuj amas la lingvon, sed des pli ĉar ĝi devas esti movado de popol-amaso, kiu konsistu ĉefe el ordinaruloj, simplaj homoj, kia mi mem estas. Kaj en tiu rilato, mi ŝatas esti kapabla praktiki Esperanton kiel mi mem praktikas la japanan en mia vivo.

Kiel ordinara homo, mi ne estas tre diligenta, ofte ripozema, sed tia mi ja iel manipulas la japanan, propran porvivan lingvon. Estas nur dank' al praktikado ĉu memvola, ĉu kontraŭvola. Do, same estu ankaŭ pri Esperanto, se mi deziras esti partnero de nia amas-movado.

De kiam, mi jam forgesis, sed por mi praktiki Esperanton fariĝis plezuro, fonto de korĝojo. Kaj certe tiu plezuro des pli grandiĝas, ju pli mi praktikas ĝin. Estas feliĉo por mi. Tion mi pli profunde sentis en Rusio. Tiu 8-monata restado en Rusio estis por lerni la rusan lingvon, sed samtempe inter malsamlingvanoj, mi havis tre multan okazon praktiki Esperanton. Vere tio estis agrabla sperto kaj instigis min pli al praktikado.

Kaj do post reveno al Japanio, mi decidis praktiki Esperanton en mia familia vivo. Nun mi alparolas absolute nur en Esperanto al mia familia partnero, dum ŝi rajtas paroli ankaŭ en la japana. Mi ne scias, ĉu konversacio inter Esperanto kaj la japana estas inter-parolado, sed alie tio pli instigas min al pli nova esprimo por kontraŭi al japanlingva demando.

Ankaŭ okaze de Tertremego *Hanŝin*, en konfuzo kaj timo de postaj tremoj, mi deziris iel praktiki Esperanton kaj helpis fari liston pri tertremaj damaĝitoj en Esperanto.

Mi taglibras nur en Esperanto jam de tri jaroj.

# 現在いまなお努力中

萩原　洋子

　上達できそうで，なかなかできないのが会話ですから，私もいろいろ努力中です。編集部のご要望で，ご参考までにその奮闘の一端を披露します。

1．毎月1回東京で開かれているエスペラント討論会に出席する。

　この会は山川修一さんが世話人になっていて，毎月その月のニュースや話題を各自の意見をまじえて話す。他人が話していることを理解できても，いざ，自分が話すとなると難しい。出席する前に予め今日の話題を2，3分ぶん用意すべきだと反省中。毎度，コンピューター，携帯電話など最新機器が話題にのぼるので，新語を覚えられるのと，世の中のＯＡ化情報に遅れないという効用もある。

2．UEA の終身会員になった。

　外国人エスペランティストと日常会話だけはこなせても，複雑な話になると，何となく相手の話に相づちを打つだけで，自分の発言が少なくなりがち。これを克服するためには，全文エスペラントの雑誌に目を通し単語力をつけなければ…。日本の雑誌だ

と，つい日本語のところだけを読んで終わりにして
しまう。会費支払い忘れで途切れると挫折するの
で，昨年（1994年）ひと思いにヘソクリを投入し
て，終身会員になった。

3．エスペラントのテープをかけっ放しにする。

　英国で出たエスペラント入門テープを買い，これ
を聞けば英語もエスペラントも両方上達！　娘の教
育にも最適と意気込んだが，娘は関心を示さず，結
局は最終巻だけにあるエスペラント会話を聞いたの
み。同じものばかりでは飽きる。英語教材で上達法
を盗もうと考え，昨年秋より，英語教材メーカーの
「ヒヤリング・マラソン」をこれまた大枚をはたい
て入手。毎月最新のプログラムの英語カセットとそ
のテキストが送られてきて毎日数時間聞き，月末に
理解度をテストする。試しにと，熱心に1ヵ月ほど
聞いていたら，「英語が面白いようによくわかるよ
うになった」と言えば，教材会社の読者投書欄に載
るのだろうが，私の場合は英語がストレスになった
らしく，甲状腺機能低下症を発病して中断。しか
し，この学習システムがエスペラントにもあるとい
い，と思った。

La Movado 530

# エスペラントの会話など誰でもできる

津田　昌夫

　エスペラントにかぎらず，どの外国語についても
そうだが，会話ができるようになるには何か特別な
勉強法があるかのように考えられているのはなぜだ
ろう。

　もし，あなたが，エスペラント入門講習会で，例
えば，La Unua Kursolibro で週一回2時間ずつの手
ほどきを受けて3ヵ月程たっているとして，日本語
を全く話せないエスペランチストと二人きりになっ
た場合，会話はまったくできないだろうか。私は，
できると断言する。日本人ばかりの所で「今から日
本語は禁止です」といわれたら，あなたは，エスペ
ラントで一言も話すことはできないかも知れない
が，もし，その中に一人でも日本語の分からないベ
テランのエスペランチストがいたら，あなたは内容
に不満は残るもののエスペラントで話せるだろう。
そのエスペランチストが会話をつなげてくれるから
だ。会話では相手が必ず存在するのだ。

　では，エスペラントで，あなたの個性を反映させ
た，十分満足しうる内容の会話ができるようになる

にはどうしたらいいだろう。それにはエスペラント
をひたすら勉強する以外に方法はない。そのために
私が心掛けていることは次の三つだ。

　①エスペラントの本を買い，雑誌を購読して読む
こと。会話を楽しむには語彙が豊富でなければなら
ぬ。言語のルーツが全くちがう我々は単語を覚える
努力をおこたるわけにはいかない。例会に出てくれ
た東欧のエスペランチストが，鉛筆でぎっしり書い
てある小さなノートを取り出して新しい単語をメモ
しているところを見たことがあるし，去年，家に泊
めた Matti Lahtinen は寝る前に読むのだと本棚から
S. Chaves の Bildvortaro を持って行った。彼らでさ
え単語力をつけようと努力しているのだ。

　②万難を排して週例会に出席すること。これで少
なくとも週に一回はエスペラントにふれられる。た
だし，例会が雑談だけで終わってしまうのをさける
ため，購読雑誌で面白かった記事などを何部かコ
ピーして持参し紹介する。輪読などがきちっと行わ
れていればその必要はない。私の所属する芦屋エス
ペラント会は阪神大震災以後，週例会が持てなく
なってしまっている。とても残念である。[6]

　③英会話クラスをさぼらないようにすること。毎
週会社に英国人の Martin Bonar が来てくれる。も
う十年以上のつきあいで，彼には「エスペラントを

6) 1996年9月，例会活動を再開した。

話すのに役立つから続けているのだ」と宣言してある。お陰で，時々「エスペラントでこれにあたる単語は」などとからかわれたりするが。同じ理由で，土，日には早起きをして衛星放送の英語ニュースを努めて聞くようにしている。[7]

　さて，エスペラントを勉強されている初学者の皆さん，エスペラントの会話など誰でもできます。日本語の分からないエスペランチストとなら楽々と。

　一層のご健闘を祈ります。

---

[7] 2000年末に定年退職し，英会話との縁は切れた。最近は，もっぱらインターネットのポーランド放送を聞くようにしている。

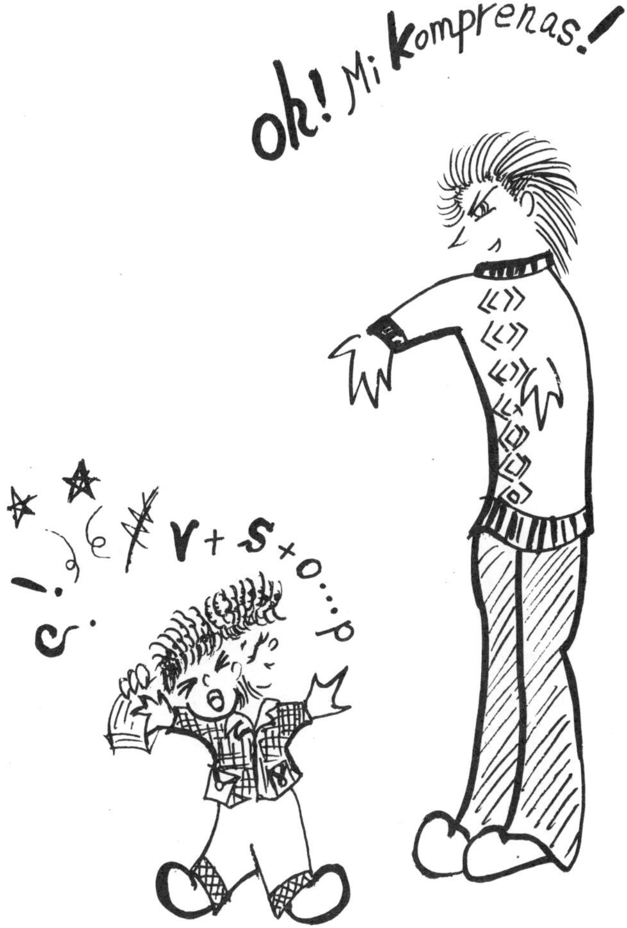
ok! Mi komprenas!
v+s+o...p

# 大きな声で繰り返し読む

小金井　真理子

　私がエスペラントを始めたのは15年前，29歳の時でした。まだ若くて体力のある時に始めていて良かったという思いを強くもっています。あれだけ集中してエスペラントに没頭できたのは体力以外にないと今思います。始めて2年間ぐらいは頻繁に合宿，勉強会などエスペラントの行事に参加していたと記憶しています。上達というには程遠いのに上達法を書くのは恥ずかしい限りですが参考になれば幸いです。

　高校の時の英語の先生の言葉「辞書はひかなくていい。ただ大きな声を出して読むだけ，何回でも」。このユニークな先生の教え通り私の英語の予習復習は繰り返し声を出して読み続けることでした。エスペラントを始めた時もこれ以外のやり方は考えませんでした。実際に音読を実行しますと，口の中はダ液で一杯になり，頭は酸素不足に陥り大変疲れ，せいぜい20分も続けられればいい方です。音読により舌，あごの骨，筋肉をエスペラントの発音の動きに慣れさすことができ，自分の発した声を自

分で聴くことができます。15年前，静まりかえった真夜中，私のエスペラントを読む声が部屋中にびんびん響き渡っていた事を思い出します。

　初期の段階である程度のレベルに達しますと，やりがいを感じるものですが，それにはやはり単語の数が重要になると思います。会話をするには考えていては出来ず，間が生じてはしらけてしまいます。ピンポン玉のような言葉のやりとりが必要で，文章として口から出なくても単語さえ発せられればとりあえず会話は続くわけですから，単語の数を増やすことは会話への自信につながりました。

　ちょうどあのころの私の能力に合った雑誌に出会えたのが私の幸運でした。El Popola Ĉinio です。この雑誌に出てくる記事，単語が私の興味の対象であるのが多かったせいでおもしろいように覚えることができました。私のエスペラントの学習上，非常にお世話になり感謝しています。

　最後に辞書。昔は通勤にも常に見られるように重いにもかかわらず持ち歩いていました。家では手をのばせばすぐに届く所に置いてあり，いつでもわからない単語があれば直ぐに見て，脳細胞を刺激しています。

La Movado 532

# 「多読」を通して雰囲気になじむ

林　周行

　「会話上達法」で「読む」ことを語るのは変な話ですが，実際のところ，週例会にも行っていない私には「会話」する機会などほとんどありません。エスペラントに触れるのは，まず「読む」ことを通してになります。問題はその「読み方」です。

　私は，学習初期にいろいろな本を読んでよかったと思っています。「多読」というよりは，「細かい日本語訳にこだわらず，どんどん読むようにした」と表現した方がよいかも知れません。つまり，ひとつのテキストを徹底的にていねいに学ぶよりも，いろいろなエスペラントを読み，その雰囲気になじんでしまおうというやり方です。日本人なら，助詞の「は」と「が」の違いを文法的にちゃんと説明できなくても，「私は」と「私が」をうまく使い分けています。同じように，たとえば定冠詞 la についても，理屈で覚えるよりは雰囲気で使い分けられるようにしてしまおうというわけです。日本語で解説した学習書だけ読んで，日本語で理屈を知っても，エスペラントを使えるようにならない，という考え方

でもあります。

　ですから Plena Vortaro のようなエス・エス辞典を早い時期に使い始めたのもよかったと感じています。その言語だけで書かれた辞典になじむことは，上達のためには大切とはよく言われますが，まさにその通りだと思います。

　そのためには，エス・エス辞典に合った指導が必要です。日本語訳を言わされる訳読中心の授業では，生徒は，日本語の載っていないエス・エス辞典など「こわくて」使えず，エス日辞典に頼ることになります。こうして日本語訳にこだわっていると，「多読を通してエスペラントの雰囲気になじんでしまう」ことができず，いつまでたっても会話が（会話すらも）できないと思います。皮肉を込めて言わせてもらえれば，会話が上達したくて（「会話」にこだわること自体，私には納得できませんが）「私の会話上達法」なる「日本語で書かれた」連載に興味をもち，日本語を一生懸命読んでいるだけでは，やっぱりダメではないでしょうか。

La Movado 533

# 「超」初心者のエスペラント会話上達法

伊藤　真理

　今年（1995年）は私の業界方面の世界大会へ出席することになり，やむなくタンペレの世界エスペラント大会行きをキャンセルしました。業界の方は英語が公用語とあって，エスペラントの方がまだましという私が，あわてて購入したのが "「超」初心者の英会話の学び方"（酒井一郎著，南雲堂フェニックス）という本です。読んでみて，外国語の会話を習得するにあたり共感できる点が多々あったので，著者の勧める44項目のうちいくつかを "「超」初心者のエスペラント会話上達法" として自戒と努力目標を含めて紹介したいと思います。

①その場で覚えてドンドン忘れる

　単語力が必要だってことは充分わかってますが，このごろは「すぐ忘れてしまう」とこぼす気にもなれないほど記憶力がないのです。しかしとにかく覚えるしかないみたい。一度，詰め込んだものは全部忘れることは絶対ないという言葉を励みにして。

②得意の質問を10個持つ

　話すきっかけをつかむために，得意の質問パター

ンをいくつか持っているといいでしょう。それに
よって会話が短時間でもリードできるし，なにより
会話の楽しさ，達成感が得られます。

③世界大会に行こう

　いくら練習を積んでも実践にまさる効果は期待で
きません。スポーツは試合，ロックはライブ，エス
ペラントは世界大会です。普通の出会いなら知り合
うプロセスが必要ですが，この世界では "Saluton!"
からすぐに会話が始まります。会話相手にも相性が
あるので，クリアに聞き取りやすいとか，レベルに
合わせて会話してくれるとか，フィーリングのあい
そうな人を求めて積極的に行動しましょう。ポイン
トはひとりで行動すること。プログラムの間の観光
や，一日遠足などチャンスはいっぱいあります。

④伝えたいとする熱意が一番重要

　最後に，精神論ばかりになりますが，会話におい
ては結局伝えようとする熱意が一番重要ではないで
しょうか。知ってる単語を使って何とか言ってのけ
る，紙に書いたり，あらゆる表現手段を使ってコ
ミュニケーションする。そんな時は，忘れていた単
語が口に出てきたり，妙に頭がさえて相手の言って
いることがダイレクトに伝わってくることがありま
す。また，うまく伝わらなくても大丈夫，その悔し
い思いをバネにして来年までがんばれますもの。

La Movado 534

# 気脈の合った人と楽しく実践

江川　治邦

　「会話上達法」なる本で上達のヒントを得るのは良いとして，会話するんだと意識した「会話教室」ほど私には堅苦しい退屈なものはない。会話は必要にせまられ，また楽しいから自然に会話能力を得るものと思っている。

　37年前，私の働く製油所に，当時最大のタンカー「ワールド・アイデアル号」が接岸した。ドイツ人機関長 A. マーセンはエスペランチストで，第2次大戦中，日独共同のチャンドラ・ボース亡命作戦に参画した。その後「Uボート」と「伊号潜水艦」の技術交流のため，キール港で日本海軍技術士官と寝起きを共にした。その彼らに再会したいとの依頼があった。産経新聞社の要請で和歌山大学のドイツ語教授が訪船したが，マーセンのなまりが強く通訳不可。そこで先方がエスペラントをリクエスト。依頼された私は，辞書を片手に冷や汗をかきながら通訳を務めた。当日の夕刊（全国版）を見た家族が駆けつけ，涙の対面となった。伊号潜水艦は，日本への帰途，南米沖で撃沈されていたからである。

このことがあって，私の友人で仲人でもあった畑中弘さん（故人）と会話の練習にバーやスナックを利用した。酔うほどに辺りかまわず日ごろ覚えたエスペラントの単語を連発。畑中氏は英語教師仲間の集まるスナックを意識的に選び，私をカンボジア船員と偽ってエスペラントで得意げにしゃべった。インテリ・ママは私が連発する 'mamo' に，「この人，私をママと呼んでくれたワ。うれし～い」と私の mano を優しく握ってくれた。勘定は，「貧しいカンボジア人」には超安値。これが私の上達法であった。

　すでにほかの寄稿者が記述した上達基本に追記を許されるなら，会話の楽しい実践と上達は，気脈の合った同志を相手に選び，初めての外国のエスペランチストには，最初から人間共通の話題（家族や衣食住）から入り，自分よりレベルの高い人とは，慣れるまで，まずインタビュー形式で質問し，次第に自分のペースに近づけ，通勤電車では，空想をふくらませた monologo を無言で楽しむことに私は心掛けている。昨年（1994年）のソウルの世界エスペラント大会では，遠足のバスの中でベルギーの貴婦人とフランスの紳士と３人で話に花を咲かせ，心底から涙を出して笑いこけたことを思い出す。今はその女性と愉快なペンフレンドになっている。

La Movado 535

# 読書で得た基礎の上に

相川　節子

　毎日のようにエスペラントで話せる環境に身をお
けば，本など読まなくてもしゃべれるようになるか
もしれない。しかし大部分の日本人学習者にとっ
て，週1～2回の勉強会がエスペラントに接する唯
一のチャンスだ。そういう条件の中で会話ができる
ようになる人というのは，日常的にエスペラントの
本を読んでいる人である。

　わたし自身について言えば，20歳のころクラブ
ボックスで毎日エスペラントをしゃべった時期が
あったし，今も京都の喫茶店で行われている会話練
習にときどき出席している。しかし，やはりわたし
の会話力の基礎をつくったのは読書だと思う。エス
ペラントで話すとき，口に出てくる単語や言い回し
は，本を読むことで身につけたものがほとんどで，
耳からおぼえたものといえば，ĝis poste のようなわ
ずかな決まり文句だけだ。

　なぜそうなのかの正確な分析はわたしにはできな
い。たぶん，日本語使用者がエスペラントの単語や
構文に慣れるには，読書がいちばんてっとり早くま

た確実な方法なのだろう。逆に言うと，本でエスペラント文に親しんで基礎をつくる努力をせずに，会話ができそうな場に出席することだけをくりかえしていても上達はむずかしいのではないか。

むかし関西エスペラント連盟が「１年に2000ページを読もう」と会員に呼びかけたとき，雑誌は除外して，読んだ単行本のページだけを数えたと記憶する。しかし会話力をつけるためには単行本だけでなく，雑誌のエスペラント文記事も十分役に立つ。（ただし，ロンドの会報のエスペラント文は読む側の学習には向かないこともある。ロンドの会報は音楽会にたとえればコンサートよりもおけいこ発表会に近く，読む人よりも書く人の上達をうながすためのものである。）

わたしが本を読む場所は通勤電車の中だけだから，残念ながら音読はできない。音読で口の練習をするのがよいことは，竹内義一著『エスペラント会話教室』にも Krizantemo 著『エスペランティストのための会話独習法入門』にも述べられている通りだが，黙読であっても，何も読まないよりも読むほうがずっとましである。まず本に親しみ，その上で場慣れする機会をつくるのが現実的な方法だと思う。

**La Movado 536**

# Kiel lertiĝi en parolo de Esperanto?

Kaŭaniŝi Tecuro

Por utiligi Esperanton nepre necesas ne nur legkapablo, sed ankaŭ parolkapablo. Tamen pro kelkaj kialoj malsamaj ol tiuj de la angla lingvo estas malfacile posedi parolkapablon. La unua kialo estas manko de okazoj interparoli kun alia esperantisto kaj la dua estas ankaŭ manko de okazoj aŭskulti belan Esperanton.

Pro tio mi faris kaj faras sekvantajn klopodojn. Preskaŭ ĉiutage survoje per mia aŭto inter mia hejmo kaj laborejo mi aŭdas la belan sonon de Esperanta sonbendokasedo fare de bonaj esperantistoj, nome, *Andrzej Pettyn*, *Andrzej Domecki*, *Humphrey Tonkin* kaj aliaj. La plej grava estas alkutimiĝo de oreloj al esperantaj belaj sonmelodioj per ripeta aŭskultado. Por ĉi tio ege utila estas profito de tempo ir-revena kaj preskaŭ senatenta aŭskultado estas la plej bona metodo. Se iam poste abrupte revenas al la kapo la vortoj de la kasedo kun parolmelodioj de la parolantoj, ja sukcesa estas la rezulto.

Mi ĉiam pensas, ke la plej grava por la

parolkapablo estas, ĉu nia lango moviĝas sur lingva melodio de Esperanto aŭ ne. Ekzistas multaj homoj, kiuj neglektante la lingvan melodion parolas Esperanton tamen tre malagrablan al oreloj. Kun tiaj homoj ni bezonas streĉon aŭskulti ĉiam atenteme. Kaj baldaŭ perdiĝas emo interparoli pli.

La dua klopodo estas memdeklami Zamenhofajn paroladon kaj poemon laŭeble per klaraj sonoj. Fakte ĉiuj Zamenhofaĵoj havas melodion tre bonan por parolo.

La prononcoj de "a" kun pli larĝe malfermita buŝo kaj de "l" kun langopinto ĝis supera antaŭa dento kaj de "u" kun buŝo pli intence rondigita estas gravaj. Kaj por beligi vortsonojn estas dezirinda la langvibrado de "r".

Per sonbendigo de mia voĉo mia orelo certigas al mi la progreson de klara parolo. Mi ofte profitas okazojn de vesperprogramoj de Esperantaj kunvenoj por montri mian deklamadon. Tio ĉi estas por mi stimula faktoro por daŭrigo de klopodo. Ĉar la plej malfacila estas ja "daŭrigo", ne metodo.


La Movado 537

# 会話実践としての読書

平井　征夫

　エスペラント学習を開始したのはもう20年以上も前になる。だから正直に言うと会話上達のためどんなことを実践したかあまり記憶にない。ただ，今も実践していることがある。おそらくかつては会話上達のために大いに熱中したのではないかと思う。

　それは読書である。と言うとあまりにも当たり前になってしまうが，例えば今日は外国の同志を案内しなければならない，朝から晩までエスペラントで意思疎通から説明までこなさなければならないような場合，事前に自分の好きな本を声を出して読むことにしている。この練習は，先ず口ならしであり頭ならしでもある。つまり思考の回路をエスペラントに切り換えるウォーミング・アップとも言える。ここで私が注意することは，まず，読みながら気に入った表現や面白いと思った言い方に出会うと，使われている単語に集中するとともに，その表現や言い方を使っていろんなことを言ってみる。そういうことを繰り返しながら読み進める。それらすべてがそのまますぐ自分のものになることはないが，頭の

中で一種の対話実践になっていると思う。そんなに
多くない会話実践を，自分で作り出すわけだ。

　次に注意することは，明瞭で美しい発音を心がけ
るということだ。エスペラントは民族語の美しさを
こえて，もっと美しい。そこにエスペランチストを
引きつけてやまない秘密の一つがあるとさえ，私は
思っているぐらいだ。子音の面倒なところはいまま
での意図的な学習経験が必要だが，母音に関しては
我々は有利である。あまり神経質にならずに発音で
きる。アクセントをきっちりと置き，文の内容に
従って抑揚をつける。この面での私の最初の先生は
イヴォ・ラペンナである。説得的で流れるような発
声を最大限意図的にこころがけるわけだ。自分自身
もその流れに酔ったようになる。これでウォーミン
グ・アップ完了だ。

　いずれにせよ，エスペラント会話が日常的である
ような機会は少ない。しかし会話上達には日常性が
ないと難しい。だが各自好みの方法により，読書を
通じて日常性を作り出すことは可能ではなかろう
か。

**La Movado 539**

# 会話は人間のために

　「会話上手」といわれる人についていつも思うの
は，そういう人たちが特別に「会話のけいこ」をし
ているのを見たことがないということだ。「会話上
手」の人は，年を重ねるうちに，いつの間にかうま
くなったのではないかとさえ思う。わたしは数多く
「初等講習」の指導をした。その中から流ちょうに
話せる人が育っている。しかしわたしには，その人
たちに特別に「会話」を教えた記憶がない。付き
合っているうちに自然にうまくなってしまったよう
にさえ思う。これは一体どういうことなのだろう
か。

　言葉は人間の暮らしの中に生きている。大昔，わ
れわれの祖先が洞穴の中で暮らしていたころも，外
敵の襲撃や災害から身を守るために，彼らは寄り
合って相談したはずだ。そんな営みから言葉が生ま
れたはずだ。そう考えるなら，会話とは暮らしの中
で言葉を実践することであり，そういう行為から切
り離して「会話」のけいこをしても，成功しないと
いうことである。エスペラントを人間としての生活

に息づかせるという営みと，自分のエスペラントを
それに耐えるものに仕上げるという努力が，「会話
上手」の人の土台にあるということである。

　自分の過去を振り返ってみても，やはり同じこと
を思う。そこそこ会話ができるようになったころ，
わたしは日常の手紙ならあまり辞書を引かなくても
書けるようになっていた。国際文通で活発にやりと
りしているうちに自分の語いが増えた。いろいろな
本を読みながらエスペラントの表現力を実感した。
エスペラントを使わねばならない局面に自分から身
を置こうとした。もしそういう実践をしていなけれ
ば，わたしの会話力は随分貧しいままで止まってい
たに違いない。「単語」を知らないから会話ができ
ないのではない。言葉が人間の生活に息づく筋道を
実践しないから会話ができないのだ。その筋道の上
でこそ，このシリーズで語られた，さまざまな「上
達法」も役立つに違いない。語るべきテーマを自ら
培おうとする努力も生まれるに違いない。

　1971年，『エスペラント会話教室』（初版）を
書いたとき，わたしはこんな言葉で説明文を締めく
くった。もう一度引用させてほしい。「会話は『会
話』のためにあるのではない。人間のために会話が
ある」のだ。

**La Movado 540, 1996, feb.**

Saluton !!

# エスペラント会話の奥義

Esotera seminario pri konversacio

藤本　達生

エスペラントは話せる言葉である。うまい, まず
いは個人的な問題で, とにかく話せる, ということ
が, みんなにとって重要なことである。

わたしたちは日本語で話している。それだけでつ
まり, ほかの外国語はできなくても, エスペラント
で話せるようになるのに, 各人がそれ相当の土台を
もっているので, この土台を利用するしか方法はな
い。ということは, どうやって, この土台はできた
のかを知ること, そうして, そのとおりのことを,
くりかえしてやること, これしか方法はない。もち
ろん, そのとおり, とは, 本質的には, ということ
で, やり方は同じではない。


## 1. 聞くこと

さて, その土台から論じていたら長くなるので
さっそく本題のエスペラントにうつるが, 要するに, エスペラントは独習するものである, ということを知る必要がある。これには説明がいるが, 会話でもそうだし, また話す前提になる「聞くこと」も独習できるもの, というより, それしかできないものである。

会話は, ひとと「するもの」で, ひとの話は,
「きくもの」だが, そのまえに, それらを「習う」
のは, ひとりでする, という意味で, あくまでも独

習なのである。エスペラントの会合に出席できるひとは，特に心して，このことを銘記し，独習をおこたってはならない。

会話の基礎はABC......ŬVZ の音にあって，これはどの独習書にも説明がしてある。それらの読み方を一応ならったら，たとえば辞書を手にするとどこでもパッと開いて，上から下まで発音してみる。または，その独習書とか，ほかの本を開いて，どこでもいいから，まず，単語として，はっきり発音してみる。意味はゼッタイに考えてはならず，また，発音する単語をいちいち暗記しようとしてはならない。という意味は，2，3度発音して，ムリにおぼえたりしたのでは，役に立たないからである。

ところで，はじめのうちは，そうして発音する単語を自分の耳で聞いて，果たしてこれでいいものやら，迷うもので，また，どうもうまく調子が出ないと痛切に感じるであろう。それが当たりまえであって，大切なことは，それでもなお，その発音練習をつづけることである。

そのうちに，何度も出てくる単語があるはずでいつのまにか，それらの音になじみができていることがわかる。それから，次は文章として読んでみる。これも丸ならぬ mal 暗記の要領で，調子がわるくても，どんどん声を出して読んで行く。

**宿題**：便宜上，ここではザメンホフの練習問題

"Ekzercoj"[8] をテキストにします。1ページぐらい
ずつ読み，またはじめからくりかえす。おぼえてし
まうまで，ではなくて，イヤになるまで，（とは，
読んでいて，つぎに何が出てくるか，おのずから分
るようになったとき，であろうが）それをくりかえ
す。同書ではモノタリナイひとは，自分で決めたテ
キストによって，上記の実習をする。


## 2．聞くこと（つづき）

　日本には入門書はやたらにあるから，ここではあ
えて表題のように名のったわけだが，もちろん期す
るところはあるのである！　(1)で指定したテキスト
"Ekzercoj" の1ページには，A, B, C……が出てい
るが，これを一応おぼえ，さらに，2ページにある
本文の1から3までは，もう練習ずみのことと思
う。このページは，Patro kaj frato. で始まり，Mi
parolas pri leono. で終わっている。

　その間にたった1ページのうちに，何度も出てく
る単語が，いくつかある。それを，さらに，くりか
えして読むのだから，耳も口も，その音，その字面
には（この場合は目だが）慣れざるを得ないことに
なっている。

　さて，ひとの話が「聞こえる」というのは，そこ

8) "Ekzercoj" は絶版。"Fundamenta Krestomatio" に収録。

に出てくる「ことがら」および「ことば」が，あらかじめ，こちらに分かっているときに起こることである。

つまり，A が Patro kaj frato というのに慣れていて，わかっていれば，B に言われたときに，それが「聞こえる」が，そうでないかぎり，わからない。あたりまえ，と言ってはならぬ。この事実がわかっていないから，あなたは（！）会話ができないのである。

Patro kaj frato は，わかったとしても，Gvidanto kaj koreografo といわれたら，patro…… よりはわからないだろう。Gvidanto kaj まではわかっても，そのあとが，ひっかかると思う。

これは UEA の機関誌1962年9月号を読んでいたら，出てきたものである。そのあとには，de la Skandinava Baledo. とつづく。

ところで，わたしは何年もまえから，バレエなどでいう「振付師」は，いったい何というのだろうと思っていた。koreografo という単語は，知らなかったので（辞書にも出てないようだ），ひっかかりはしたものの，「これはフリツケシであろう」 と推そくをした。（そのとおりかどうか，確めてないから知らないが，koreografo なる音は，もうおぼえているから，ちがっていたら，意味を訂正すればよろしい。）

さて，読み方だが，はじめは：PATRO KAJ FRATO：ぐらいでも，慣れてくると：Patro Kaj Frato；さらには Patro kaj frato；patrokajfrato となるように，文章としては，これぐらいに↑，1本につづくように，いう必要がある。

"Ekzercoj" には，1から31まであって，32ページだから（Alfabeto もいれて），まず1ヵ月あれば，なんとか慣れることができると思う。なめらかに発音できるようになるまで，このテキストを読みつづけること。意味はおぼえなくてもいいから，それを実行して下さい。同時に，耳が聞きつづけることにもなるから，「聞くこと」の独習をしているわけである。

**宿題**：指定（または自分）のテキストをハッキリと正確に読むこと。


## 3．読むこと

本誌は定期刊行物だから，話を先へ進める必要上，「聞くこと」は，このぐらいで一応終わりとする。もちろん，実習の方は期限をきらずに，自分のペースに合ったやり方で，つづけてほしい。

これまでやったのは，第1に「聞くため」に，自分で音読をしたもので，わたしたちの土台である日本語のときは，音を出すのは周囲の日本人たちが

やってくれたので，もっぱら聞くだけでよかったことである。「聞くため」とは言ったが，しかし，耳をすまして聴くため，ではなくて，意識的には，目で見て，それを声に出して読むのである。つまり，耳には，その結果「聞こえている」ようにするわけである。

つぎは，「読むこと」 だが，いままでのテキストは，もっぱら聞くために使ったので，それは，しばらくあずけておいて，別のを使います。("Ekzercoj"をやっただけでは，もちろん限度があるので，なめらかに，とはいっても，一応それらしく聞こえる程度に達したら，聞くことの第1歩は終了したものとしてよいと思う。)

『やさしいエスペラントの読み物』が，こんどのテキスト。Anekdotoj はとばして23ページをあけると「白雪姫」。今はむかし……，と日本語を読む（これは黙読でけっこう）が，終わりまで読んでも，1ページだけでもよい。これは，お話をわかるため，つまり，これから読む「ことがら」を，知っている「ことば」の日本語で，心得ておくためである。

つぎに，そうして知っている「ことがら」を，左の22ページにある知らない「ことば」つまり，Esperanto で読む。こんどは声を出して読む。まず表題は： Neĝulino

とあるが，それは↑が白雪姫を意味する。また

は，白雪姫とは Neĝulino である，と知るため，で
はない。白雪姫と読み，それに当たるところにある
から，Neĝulino がそれであると知るのは，たまたま
そうと知ったぐらいに思っておく。

　それは，Neĝulino という音が言えるようになるた
め，であって，これは正確に言えるようになる必要
がある。つぎにおなじ理由で：

　Ĝi okazis iam en la mezo...... と読んでいく。分
かっている「ことがら」をわからない「ことばの
音」では，どう言うかということを実習するのが
「読むこと」の第1歩である。

　はじめのテキストを「聞いていて」多少ともなじ
みになった単語や文章の音が，「解釈」　をやらな
かったので，その意味がわかってなくて，ムダのよ
うに見えたかもしれないが，この Neĝulino を読ん
でいけば，また，それらに出あう。そして一字一句
は，どういうことか分からなくても，あらかじめ日
本語で読んであるので，こんども，まず音として，
さらになじみになることができる。あくまでも音に
なれるために「読むこと」が大切。

　**宿題**：上記の要領で，「白雪姫」（できれば他の二
つの物語も）をくりかえして音読する。

**4. 読むこと（つづき）**

　こんどは何を読むかといえば，独習書である。もちろん，ABC...... をやったときに，読んでもいいが，そのときでも，こんどでも読む方法は同じである。

　それはアッサリと読み流すこと。発音練習のためにあげてある単語でも，意味をおぼえねば先へすすまぬ，なんて思わずに，発音だけテイネイにやって，次にすすむ。そうして，読み物のようにして，一気に（何時間か何日間か，それ以上かは個人の事情でちがうが，とにかく，ザーッと）読んでしまう。

　つぎには，第1にやったテキスト "Ekzercoj" を読みかえす。このとき，独習書を読んだことによって，何らかのことがらを，おぼえていれば，初めのときよりは，読んでいても，わかり方が，ないしは読み方が，多少ともちがってくる。

　それから，また独習書を読む。別におぼえようとした訳ではなくても，2回目だから何かはおぼえている，すくなくとも，何だか前にみたことがある，ぐらいの感じは受けるであろう。

　こんどは，2番目のテキスト『やさしいエスペラントの読み物』を，エスペラント文から読み（この時は，だまって読んでもよし，まだすらすら読めなければやはり声を出して），日本語を読み，必要に

応じて注もみる。

　こうした上で，さらに「読むこと」はつづくけれど，このあたりで読む本としては，"Karlo"，"Ivan la malsaĝulo"，"50 fabloj de Ezopo" そのほか，「手あたり次第に」読む。音読と，読解は並行して行い，辞書も使うようにする。つまり辞書は，あまり初めから引きすぎないこと，が大切である。

　また，こういう基本的な読み物を読みながら，必要に応じて，こんどは念入りに，独習書を読みかえす。というのは，独習書に書いてあることがわかるためには，現実にエスペラント文にかなりあたっておく必要があるからである。

　ウスッペラなものでも，3冊，5冊，10冊……と読んでいくうちには，単語や構文など，まずひととおりのことは出てくるから，一読ただちに理解できるまで，「読むこと」はつづくわけである。

　さて，以上は，スジを通すために，ほかのことは抜きにして書いたもので，これらのことはちゃんと実行しながら，それと同時に（決して"かわり"にではなく！）エスペラントの会合にでて，ボーナン・ターゴン ktp. をやることは，もちろん，さしつかえない。

　しかし，ボーナン……はいくら言ったところで，アイサツであって，それができても会話ができることにはならない。会話とは，アイサツが終わったと

ころから（しばしば，アイサツぬきでいきなり）始まる普通の対話である。内容は話し相手によってちがい，雑多であって，ボーナン……のように，あらかじめ決まり文句のようにおぼえておいて，それを発音するだけ，というようにはまいらない。

　**宿題**：独習書その他をいろいろ読むこと。


## 5．書くこと

　モノをかく，というほどのことではなく，とにかく，手を使ってエスペラントの単語，文章をかく，というぐらいの書くことについて。

　これまで，聞くこと，読むこと，を練習してきたが，ことばは全身的におぼえる必要があるのでこのへんで手も出してもらわねばならない。聞き流す，読み流す，それは必要なことだが，ある程度までくると，ひとの話や文章を，たしかに受けとめる練習がいるのである。

　それには，書くことが第1である。まずこれまでに使ってきたテキストを，できるだけ写す。また，日記を書く。日本語でもつけないのに，という人もあろうが，なにごとも勉強のためだ。ここで，始めてほしい。エスペラントで全部はもちろん書けないから，初めは日本語で書いていて，いわば「ひとりでに」出てくるエスペラントの単語があれば，それ

をまぜておく。それをだんだんにふやしていく。

　何も書くことがない日には，しばらく本から写すのである。これらのことは，会話の準備として必要である。というのは，会話とは，すくなくとも半分は能動的に，ことばを使うことであるからだ。

　聞くことが大切なのは，それができなければ，話ができないからであって，最低の条件である。それがなければ，話す方はとてもムリだから，これまで，やかましく，きく練習をしたのである。ひとの話が，聞いてわかるようになれば，こんどは自分から話す番で，そのひとつの有力な練習が書くことである。

　くりかえして言うが，これらのことは，ひとりでする勉強のことであって，その間にも会に出席して，アイサツ程度の会話をしてもかまわないのである。

　さて，話をする，とは，結局，相手の言ったことに対して，受け答えをすることでもあるが，自分の思うことを，発表することであってみれば，つまり，うちから外に出す行為である。出すためには，そのまえに，とりいれておかねばならぬ。売るためには，仕入れる必要があるわけだ。

　ところで，ものを考えるのは「ことば」であって，この場合は，エスペラントであるから，これでやりとりする前には，相当に仕込んでおくべきであ

る。つまり，アイサツではない「会話」は，そうして仕入れておいたものがないと，出てこないのだ。かなりの単語もいる。しかし，それらは会にでて，おしゃべりをしたりしていたんでは，大して仕入れるわけにはいかない。

そうして，能率よく仕入れるのに，書いてあるものを読んで，自分でも書き写すのがいちばんなのである。つまり，本に書いてある単語，構文が分かっていれば，ナマで話すものは，わかりやすい。すくなくとも，仕入れたものがあれば，すぐに，なれることができるものである。

**宿題**：日記を書き，本を写すこと。また外国のEsperanto雑誌にも目を通すようにすること。


## 6．話すこと

これまでやってきたこと，つまり，聞いて，読んで，書いて……という，これらの実習をやってきたひとは，まず，どの程度の実力がついているか考えてみたい。

聞くことをしっかりやるのは，ひとの話をきいた場合に，その中に，意外な音，つまり，なじみでない音がやたらに出てきて，耳をコンランさせないようにするためである。

ところで，"Ekzercoj"，『やさしいエスペラント

の読み物』，"Karlo"，"Ivan la malsaĝulo"，"50 fabloj de Ezopo"で，とにかく「5冊」である。できれば，この倍あればもっといいけれど，これだけでも，ちゃんと読んでいれば，相当の数の単語，および，ふつうに使われる構文の大体のところには，一応，慣してきたはずである。ということは，かなりの量の，「エスペラントの音」に，目・口・耳・手を通じて，なじんできたことを，意味する。

たとえば，ESTAS という単語を，見たり，聞いたりしても，いまさら，耳が意外の感じを受けない，あたりまえの音として，ききながす程度になじんでいるはずだ。それは，この音の組み合わせが，特にやさしいからかといえば，そうではなくて，単に，そのことばが，よく出てくるから，であるにすぎない。接する量が偉大なのである。

だから，ほかの単語も，目を通じ，耳を通していわば，estas なみに，慣れてしまうことが，大切なわけで，そうすればひとの話も，気を張らずに，聞くことができるし，自分からもさっさと発音することができるわけである。

もちろん，いまの段階では，まだ接した量がすくないから，そこまではいっていないけれども，さきにいった5冊だけでも，りっぱな土台にはなっている。それを，うんと，ふやしていけばいい訳だが，さて，5冊をやってきた，あなたは，いよいよ，こ

れから「話すこと」を練習しなくてはならない。

　と思ったその日に，外国人のエスペランチストが
やってきたと仮定しよう。歓迎会とやらに出席す
る。その同志が，立って何やらアイサツをする。し
ばらく30分ぐらいは話すことであろう。

　ところで，サッパリわからない，と，あなたは思
うであろうか？　かれ（ないし彼女）の話には，ど
うもついていけない，であろうか？　もし，そうで
あったら，これまで，やってきたはずの実習を，お
こたっていたことになる。

　本来なら，あなたは，意外の感に打たれるであろ
う，つまり，「こんなに，よくわかるのだろうか？」
と。こんなに，とは半分ぐらいか？　いやほとんど
「全部」わかるのである。つまり，アッいまの単語
はわからなかったと，自分の知らない単語もそれと
ハッキリ聞き分けられるであろう。

　何かきかれる。そこで，話したらよろしい。あな
たは，なにかしら，すこしぐらいは話がすでにでき
るのである。もちろん，誤解はある，大いにある
が，それは直せるものだ。

　**宿題**：いままでの本をなるべく速く音読する。

## 7．歩くこと

　前回の終わりのところでは，すこし景気のいいこ

とをいったが，別にハッタリではない。さて，ひと
の話をきいて，サッパリ分からぬという人は，また
出直して，1から実習にはげんでほしい。ここで
は，「わかる！」というひとが対象になる。ところ
で，この「わかる（ような気がする）」というの
が，じつはクセモノで，もちろん，正解の部分はあ
るのだけれど，まえに言ったように，大いに誤解も
あるのである。

　つまり，「わかった」と思うことはよろしいが
「しかし，大いに誤解もしているだろう」という保
留もしておく必要がある。

　こんどは，果たして，どういう分かり方をしたも
のか，それを点検しなくてはいけない。たとえば，
会で，外国人の話をきいたとすると「なるほど，こ
れこれの話であった」と思いこんでそれが正解か誤
解かわからぬままでは，進歩がない。一方的にお話
を拝聴していると，そうなる。

　そこで，会が終わったら，できるだけ，その外国
人に近づくことがのぞましい。問答をすれば，自分
の言ったことに対して，相手がそれ相当の答えをす
るか，どうか，つまり，自分は，相手に言いたいこ
とを分からせることができたかどうか，が分かる
し，その逆も分かるから。できるだけ，1対1，な
いしは小人数で，話をきいたり，したりするように
努めることが望ましい。

ところで，日本には「英会話」なるものがあるよ
うで，そのための本はもちろん，いろんな方法が行
われている。読んだわけではないけれど，のぞいて
みたところによって，それらに書いてあるような，
同じような「エス会話」とでもいうべきものは，あ
るのだろうかと思ってみたが，どうもなさそうだ。
すくなくとも，わたしには，英会話式の会話をして
きたという意識はない。英会話のエチケットという
ものもあって，相手（ご婦人）の年令をきいてはな
らないとか，そんなことである。しかし，相手のト
シに興味のある場合がある。それは，なにも，相手
が妙齢のご婦人だからではなくて，たとえば，この
人は，イイトシをして，世界旅行をしているという
が，いったいイクツなんだろう，とかいう場合であ
る。

　ある人は，自分から言ってくれたが，つまり，こ
のことは「きいてはならぬ」というエチケットは，
あらゆる人には通用しないと思ってもいいのではな
いか。「外人」といっても，実体は，それぞれナニ
ガシという人間だから，しかも英語国民に限らない
のだから，エチケットはもちろん，話題だって一様
であるはずがない。もし，失礼のことがあれば，あ
やまればよろしい。

　ここで言っているのは，つまり，話すことはお天
気のことにかぎらないし，古今東西，南北上下

（？）にわたることがありうる，ということで，それは歩きながら，電車の中でなど，話す人同士の条件次第でいろいろ，豊富であったり，貧弱であったりする。多人数の前でする「公式談」だけで，その人を断定してはソンをする。

**宿題**：洋画を見聞きする。


## 8. 聴くこと

　ものは相談，ということがある。しかし，ここで言いにくいことを言うけれども，日本に来る外国のエスペランチストが，いわゆる「案内」として，いっしょに歩いている日本の同志に，なにか「相談」したがって話しだすのに，それにのろうとしない，つまり，相手の言い分を聴こうとしない人がいる。

　日本のこと，わが町のことなら「万事心得顔」なのである。相手の真意も理解せずに，すべて，「案内」したがるのは困ったもので，旅行者には特殊な用事もあるのだから，落ち着いて言い分に耳をかしてから，案内の行動に移らないと，時間と労力のムダになる。

　わたしがくりかえし，聴かないこと，ただ聞こえているようにすること，と言うのはもちろん練習の場合であって，用件があるときは，言い分を聴かな

ければならない。それにしても，エスペラントに限らず，人びとが話をするときには，相手のコトバそのものを理解するというよりは，それが話される場のフンイキとか，自分のつごうとかによって，納得しているものらしい。

たとえば，ニコニコしながら，Kiel vi fartas? という調子で，Kiel vi malsaĝas? とアイサツされても，Ho, dankon! Tre bone! とすましているかも知れない……。

さて，前回の宿題は「洋画を見聞きする」というものであったが，これについては多少説明がいるかも知れない。英語やフランス語を勉強する人がそれをしゃべる映画をみるのは直接的なものだが，エスペラントをやるのに洋画をみる（聞く）というのは，間接的でいかにも回りくどい方法ではある。

しかしエスペラント映画が少ないのだから，次善の策として洋画，それも英語のものだけでなくイタリア，フランスなどの映画を見聞することは「非日本語」をきくという意味で，エスペラントの勉強に役に立つ。いまでは映画ともほとんど縁がなくなっているけれど，わたしも何年か前にはかなり熱心に映画見物をしていたことがあって，そのころはエスペラントの勉強のためにも，そういう洋画を聞いていたわけである。

聞く，ということのついでにいうと，ラジオで

やっている FEN[9] とか，モスクワ放送とかの，要するに非日本語であるということではエスペラントと共通のコトバで，わからぬのがアタリマエというようなニュースなどを気楽に聞きながすのも練習のひとつである。

こんなことを書きながら，ヨーロッパのエスペラント界を思うと，ワルシャワのエスペラント番組など，毎日30分は放送しているのだから，それがきけない（きくためには，特別の受信装置がいるだろう）われわれは，その点だけでも，不運なのかも知れない。[10]

UEA の Sonbenda Servo に入っている，いくつかのワルシャワ放送の録音テープを，エスペラント普及会がとりよせたもので聞いて，われわれは音の面で現在のエスペラントに相当おくれをとっているものと思った。

**宿題**：できればテープをきく。


## 9．本を読む

Libro のことを「書物」といわぬと気がすまない程ではないが，読書というからには，やはり，「本」を読むことで，雑誌は，いくら読んでも，読

---

9)　Far East Network（アメリカ軍極東放送網）
10)　現在ではインターネットで聞くことができる。

書にはならないという意見である。それでは，雑誌
は読まなくてもいいかといえば，それはちがう。逆
に，読書をしているなどと思わずに，とにかくたく
さん読めばよろしい。物の数にいれずにしかも読む
べきものが雑誌である。雑誌も見ないのでは論外で
ある。

　読んでもよく分からないときは，ためておく。あ
とになって利用できる。国際的な雑誌には，つねに
注意をしておきたいもの。

　そこで，本を読むことだが，まずザメンホフにつ
いて。エスペラント語と，語をつけるのは本式では
ないが，もしエスペラントのことを語つきで呼ぶと
すれば（フランス語，イタリア語のように）それ
は，ザメンホフ語になると思う。りっぱな aŭtoro de
Esperanto はたくさんいるが，La aŭtoro de Esperanto
はザメンホフだから，エスペラントをやる気のある
ものなら，必ず読むべきである。

　ザメンホフは息の長い，なかなか終らない文章を
書く。いくつも，ke...; ke... とつづくことはザラで
ある。こういうところにも，エスペラント発表まで
だけでも，９年間も，ひとりでコツコツとやってき
たザメンホフのガンバリを見る思いがする。

　歩調がしっかりしていて，いかにも行きとどい
た，これからカユクなるところにも手をあてておく
といった，ザメンホフならではのものである。しか

し，読むのはやさしくない。分量も多い。それで，見本として，まず "Zamenhofa Legolibro" にあたってみる。

これを初めてよんで，全部よく分かれば結構なことであるが，そうもいくまい。わかるどころか，とにかく最後まで読み通す（音・黙いずれでも）だけでもひと仕事であろう。根気がいるのである。しかし，これらザメンホフのものによって，大いにきたえておけば，ほかの人の書いたものを読む場合に，効いてくるのだから，どうしても読むべきものだ。

読むときにも，誤解のあるのは，もちろんで，ときどき，すこしでもいいから，どこかを訳しておくと，あとから自分でも点検できる。これはもっぱら正誤をみるためで，文学的にどうのこうのいう「訳」ではない。

なお，字引の訳語をつないだような訳文ばかり作っていると，頭がわるくなるかも知れないのでアンデルセンその他，日本語訳のある作品は，文庫本などを横において，くらべながら読むと，あまりにも「語学的こだわり」におちいることから救われるかと思う。

これは，読書案内ではないから，ザメンホフ以後，現代の諸作家にいたるまで，くわしく述べたてることはしないが，図書目録に目を通すことをすすめておきたい。わたしは，これまでに何度もたとえ

ば JEI のそれを読んでいる。それから各誌に出る recenzo などは，自分の興味にしたがって，読書をしていくのに，参考にはなるから，それだけで分かったつもりにならぬ程度に目を通す。

**宿題**："Zamenhofa Legolibro"[11] ほか，ザメンホフを読む。


長ながと書いてきたが，これまでのを見ていると，いっこう奥義らしくない，これでは Malesotera である！ といわれた。

"Plena Vortaro" の定義によると，これはまさしく malesotera = Publike al ĉiuj instruata で esotera = Intime, aparte instruata al la adeptoj ではないかも知れない。もっとも，これは，奥義の訳語ではなく，上記の表題は正確でもない。

さて「奥義」とは「学問・芸能・武術などの最も大事な事柄。最もかんじんな点」であると，岩波国語辞典にあるから，「会話」のソレは，なんであるかということになる。


## 10. 知ること

これまでは写真に例をとると，もっぱら，カメラについて，書いてきたようなものである。カメラは

---

11) "Zamenhofa Legolibro" は絶版。

モノを写すためにある。コトバの外形である発音等は、それを使って、モノを言うためにある。しかし、それがなければ、モノが言えない、ということであるからヤカマシク練習をしたものである。

つまり、不可欠の条件ではあるが、すべてではないから、これができただけでは、もちろん、奥義をきわめた、とはいえない。

会話は、ひとりではしない。相手がいる。これが、一様ではない。相手がちがえば会話の内容も同じではない。形式もかわる。したがって、自分がいくら内容のある人間（これが、かんじんの点であるが）だと主張しても、それが分かる相手でないと、これが伝わらない。つまり、自分にだけ実力があっても、相手次第では、無きに等しいことになる。

だれでも、相手を見てモノを言うものであり、また、逆に、いつも、だれにでも、同じように、同じことを話しても、伝わり方は相手次第であり特にエスペラントのばあいは、各自の外形が十分でないため、内容も、すらすら通じないことが多い。

こちらが知っていて、言いたいことも、相手が無知で興味がなければ、会話の内容にならない。知らなくても、興味があれば、そうして一応のコトバを知っていれば、それによって、知らないことがらも、教わることはできる。けれども、おたがいが楽しむためにする会話であれば、知っているもの同士

でやるときが，うまくいく。

　「教養」というものがある。これは，何だかワケ
のわからないものだが，現在のエスペランチスト
が，そのコトバを知り，使う人である，という定義
だけではすまない，ナニカが加わったものである以
上，エスペラントのことが，よく話題になる。そこ
で，この -ujo のことも，知っていることが望まし
い。教養などといわなくても，常識的なことでも，
知らない人が多い。日本人としてのそれはあって
も，エスペランチストとしての常識やら教養やらが
ない人とは，いくら会話をしても奥義に達した感じ
はしないであろう。

　なるほど，エスペラントが単なる手段となってそ
れを使って，もっぱら専門のことを語っておられたら
メデタイが，いまは，そうも言っておれない。そこ
でまず――

　**宿題**：すこしはエスペラント界のことも知るよう
にすること。


## 11. 飲むこと

　エスペラントで話すのは肩がこる。L だの R だ
の，発音からして気になるから，心して口をきくこ
とになるし，文法的マチガイも気がかりだし……と
いうことが，あるようだ。これでは気楽にしゃべれ

ない。ところが，konversacio とは，リキんでする
ものではなく，親しくて気安い，楽しむためにする
話し合いだから，カミシモをつけていたのでは，う
まく行かないはずである。

　カミシモとは，心理的なコダワリを指す。会話に
は，たしかに「語学？力」というものも要る，しか
し，一応相手の言うことも分かり，こちらからも，
話せるはずなのに，うまくいかないときは心理的な
原因がある。

　ある人は，いつ見てもだまっている。なるほどこ
んなのを「無口」だというのであろうと思っていた
ら，あるとき，ベラベラとしゃべるのに出あった。
このときは，日本語であったが，一見無口というの
はあっても，条件がよければ，だれだって話す，つ
まり，完全な？無口というのは，いないのではない
かと思う。とすれば，話しやすいフンイキのことを
考えねばならぬ。話の場というものも，いろいろあ
る。また，人数も，会話というかぎりは，最低二人
はいるけれど，これはまた最高四人ぐらいがいいか
も知れない。大声で向うまで叫ばなくても，おだや
かに声が通るくらいの方がよい。

　いずれにしても，自分の心にコダワリがあれば楽
に話せない。そこで，お互いに，それを除かねばな
らぬ。「飲む」とは，相手をのんでかかる，意味で
はない。剣道のような勝負ではないから，会話にお

いては，自分をのむのである。相手をのんでかかる前にのむべきものは自分であり，心理的なコダワリ，コムプレックスから自由になることである。その手段として，相手といっしょに，一杯やるとよい。何も，のんだくれる必要はない。飲めば舌がまわる，というのは，油をさしたからというより，心のシコリを解くから，その結果，舌も回るというものであろう。

　これは，おたがいに話してみたい興味があるのに，諸条件が合わないために，うまく行かないとき，とるべき手段のひとつであって，そんな気がなければ，飲んでまで会話なんかする必要はない。

　しかし，エスペランチストは，単に週や月の例会で，大勢（といっても知れているが，2，3人よりは多かろう）いっしょに話をするだけではなく，もっと個人的なつきあいを会員間でするべきではないか。せいぜい週に2時間，例会だけで終わる「同志」では，いかにもウスイつながりである。

　ところで，アルコール飲料が飲めない人は，コーヒーでもジュースでも，日本語で会話をするときの状態になればよい。例会の席では，まあ「輪読」ぐらいはできるが，個人間の会話はやりにくいのが実状であろう。それで，例会場以外の場所で，話すようにする。

　会話というのは，それをする人同士の話題があ

り，気楽なフンイキがあれば，おのずからできるものである。

　**宿題**：奇特なひとは前回までを読みかえす。


## 12. すること

　「みずからなし得る者はなし，なし得ざる者ひとに教う」という。会話の奥義を心得ているものは，こんなものを書いたりはしない。自分ができないものだから，せめて，ひとにはできるようになってもらいたい，という一念から，おせっかいをやくことになる。

　会話はするもので，これについて語るべきものではない。それが「達する」ものであれば，わたしは達してないが，おのずから体得するものであれば，わたしでも，すくなくとも「ふじもと流」会話の奥義は，心得ているはずである。ただ，これを「伝授」？するのは至難のわざである。もし人あって，この流法にしたがい，修業をなせば，あるいは免許皆伝に至るやも知れぬが，なに，わたしだって奥義を極めた訳ではないから，それをひとさまに授けることなどはできない。よろしく各自において，おのが一流をあみだされんことを！

## 13.　みつける

　話し相手をみつける。これがむつかしいのである。おのれが、いくら buŝa 修業にはげんでも、互角の相手がいなければ、ひとりずもうに終わる。これでは、実力が出ない。また語学力というか、会話力において、格好の相手がいても、お互いに人間としての関心が一致しなければ、ふたりとも実力が出ないままに、ものわかれとなる。

　要は、日本語でも、会話を楽しむことのできるもの同士が、エスペラントでするときにしか、うまくいかないだろう、つまり、エスペラントだからといって、かねては話もしないもの同士が、会話を楽しめるはずがない。

　ただし、これは、人間としての興味が、第一である、ということを言うための、日本語云々であって、現実には、日本人とは日本語で話した方が通じるから、そのあとエスペラントで話すのにはわたしとしては、コダワリがある。練習のためと思わねば、とてもできない。うまい、まずいに関係なく、だれでも、日本語で話すときと、エスペラントのときでは、ちがいがハッキリしすぎることが多いから、そこが気になるのである。心理的なものである。相手にいくら実力があっても、おたがいに、しかし、日本語の方が、もっとよく通じると思えば、わたしとしては、こだわる。

### 14. 「でも」と，「しか」

　日本語の方が速く通じる（これは，時間だけのことではないが）のに，エスペラントでも話せるというのは　次善の策である。ところが，程度は落ちても，これでしか，おたがいに通じる道がないと知って話すとき，つまり，外国語を知らないわたしが，これまた日本語のできない外国のエスペランチストと，エスペラントで話すとき，しかも，かれとわたしの諸条件が合致したとき，その会話はうまくいくものである。ふたりに共通する言語がエスペラントしかないとき，すなわち，これが第一言語であるときには，気軽に，コダワリなく話ができる。これがまあ，会話の奥義ですかな……実行がむつかしいだけで……。

　宿題：『新選エス和辞典』をよむこと。

La Movado 143〜154 (1963, jan. - dec.)

再録 La Movado 188 (1966, okt.)

再録『興味の問題』(1976)

# 舌と耳の訓練を

――初心者指導について――

小 西　岳

日本人にとってエスペラントの発音は，英語や
フランス語にくらべれば格段にやさしい。それは，
「一字一音・一音一字」という表音規則が確立して
いることもあるが，それ以前の重要なポイントは，
5つの母音が日本語のそれと同じ——ただし，Uに
ついては問題があるが——だということである。英
語やフランス語のさまざまな中間的母音をいちいち
区別して発音するわずらわしさを考えれば，母音が
簡単だということのメリットはもっと強調されてよ
いことであろう。

　一方，子音については，日本語にないものがいく
つかあって，習得にやや努力を要する。初等講習会
では各講師ともそれぞれに工夫をしていることと思
うが，過去2回，焼津の全国合宿で「講師養成講
座」を指導した経験から，気のついたことを述べて
みたいと思う。

## 基本原理：音を区別すること

　エスペラントの発音には「これでなければ絶対に
間違いだ」という厳格な規定はない。もちろん，
「標準的」な発音というのはあって，舌や唇などの
操作が生まれつき器用な人ならばそれに従って「よ
り美しく」発音することが望ましいが，そうでない
人も「それなりに」話し相手にわかってもらえる発

音を心がければよいのである。

　その「わかってもらえる発音」をするための基本原理が「とにかく音を区別する」ということである。

　★ｒとｌ：典型的な例が，日本人が最も不得意とするｒとｌである。ｒの発音は言語によって差異があり，エスペラントで話すときもフランス人はフランス語流で，ドイツ人はドイツ語流で，という風にそれぞれ「お国なまり」でｒを発音している。特に口蓋垂（のどひこ）を震わせるフランス語のｒなどは，われわれにはとうていｒとは思えないシロモノである。従って，フランス人エスペランチストと会話すると，はじめは聞き取りに苦労する。けれども，しばらく話しているうちに，「この人はｒをこう発音するのだな」とわかってきて，だんだん聞き取りやすくなる。

　外国のエスペランチストがわれわれ日本人と話すときも同じであろう。つまり，われわれがｒとｌの**発音をとにかく区別さえしていれば**，それを聞き分けてくれるはずである。

　では，どう区別すればよいか，といえば，そのポイントは，「ｒは舌が震える音」で「ｌは舌が震えない音」ということである。（日本語のラリルレロは多少「震え」がはいるが中途ハンパである。）　ｒの場合，巻き舌のできる人は申し分ないが，できない

人は舌先を上へぶつけるようにするとか，自分なり
に工夫して，とにかく「震えた感じの音」が出るよ
うに努めればよい。 lの方は逆に舌を動かさない
ようにすればよいので比較的やさしい。舌先を前に
出して，歯ぐきの下端につけるようにすれば理想的
である。

★ĵとĝ：ĵはŝの有声音（濁音）でĵĵĵ...とつづ
けて発音できるが，ĝはĉの有声音だから，途切れ
途切れになる，という理論的？説明は納得できて
も，実際に発音する段になるとわからなくなってし
まう人が多い。もっと感覚的な説明がほしい。

日本語のジャ行の音はĵよりもずっとĝに近い。
従ってĝは一応日本流でよい。（ありがたいこと
に，ĵが使われる度数はĝにくらべてはるかに少な
いので，その少ないĵだけについて注意を払えばよ
い。）

ĉとŝとの顕著な違いは，舌が口蓋につくかつか
ないかということである。だから，ĵは，「舌を口蓋
からできるだけ離すようにして」ジャ，ジ，ジュ，
ジェ，ジョと発音すればよい。そうすると，ĵ特有
の柔い音が得られる。（対照的に，ĝは舌を口蓋に
強く押しつけるようにして発音すれば，なおよくな
る。）

★聞き取りの練習も：エスペラントの音に慣れ
るためには，よく言われるように，テキストを繰り

返し音読することが有効である。その際，r と l，ĵ と ŝ，f と h，v と b など，日本人にとってまぎらわしい音の区別に気を配りながら読むことが必要である。電車の中などで読んでいて声を出しにくい場合でも，せめて舌や唇の動きには注意しながら黙読すること。

　違った音を違った音として発音できる，ということだけでなく，それらを違った音として聞き取れる，ということもまた大切である。初等講習会でも，単語の書き取り練習——耳で聞いた単語を書く練習——をもっと重視する必要があろう。発音と聞き取りのこういった訓練は，学習の初期にやる方が望ましい。発音の場合，いったん区別しないことに慣れてしまうと，矯正することはむつかしくなる。また，聞き取りについても，学習が進むと，単語として覚えていることがかえって弁別力の訓練を妨げることになる。（例えば letero を耳では l と r を区別せずレテーロと聞きとっていても，それが letero のことだとわかってしまう。）

　学習意欲の高い入門初期の段階で，舌と耳の訓練にもう少し力を入れる必要がありそうである。

La Movado n-ro 355, 1980, sept.

エスペラント会話上達法
Kiel ekzerci sin en konversacio de Esperanto

2001年6月9日　第1刷発行

本体価格　800円

編　集　La Movado 編集部
さし絵　　茜
制　作　一　　工　　房
発行所　日本エスペラント図書刊行会
（関西エスペラント連盟図書部）
561-0802 豊中市曽根東町1-11-46-204
関西エスペラント連盟
電話・ファクス：06-6841-1928
電子メール：kleg@mvf.biglobe.ne.jp
ホームページ：http://www2u.biglobe.ne.jp/~kleg/
振替：00960-1-60436（名義：関西エスペラント連盟）

ISBN 4-930785-49-9 C1087 ¥800E